立人天地

智慧大师

与
查尔斯·狄更斯 对话

[美]谢莉·克莱因 编

王群辉 译

黑龙江出版集团

黑龙江教育出版社

版权登记号：08-2016-091

图书在版编目（CIP）数据

与查尔斯·狄更斯对话 /（美）谢莉·克莱因
（Shelley Klein）编；王群辉译 . — 哈尔滨：黑龙江
教育出版社 , 2016.12
ISBN 978-7-5316-9043-6

Ⅰ . ①与… Ⅱ . ①谢… ②王… Ⅲ . ①散文集 – 英国
– 近代 Ⅳ . ① I561.64

中国版本图书馆 CIP 数据核字（2016）第 306308 号

与查尔斯·狄更斯对话
YU CHAERSI · DIGENGSI DUIHUA

作　　　者	［美］谢莉·克莱因　编	
译　　　者	王群辉　译	
选 题 策 划	王毅	
责 任 编 辑	田洁	
装 帧 设 计	Amber Design 琥珀视觉	
责 任 校 对	张爱华	

出 版 发 行	黑龙江教育出版社（哈尔滨市南岗区花园街 158 号）
印　　　刷	北京鹏润伟业印刷有限公司
新 浪 微 博	http://weibo.com/longjiaoshe
公 众 微 信	heilongjiangjiaoyu
天 猫 店	https://hljjycbsts.tmall.com
E － m a i l	heilongjiangjiaoyu@126.com
电　　　话	010—64187564

开　　本	880×1230　1/32
印　　张	4.75
字　　数	77 千
版　　次	2017 年 3 月第 1 版　2017 年 3 月第 1 次印刷
书　　号	ISBN 978-7-5316-9043-6
定　　价	30.00 元

目　录
CONTENTS

序　　　　　　　　　　　　　　　　　　　　　　1

马的定义：童年和青少年时代　　　　　　　　　1

爱的牵绊：狄更斯坠入爱河　　　　　　　　　　15

狄更斯笔下的班布尔式形象　　　　　　　　　　25

他只有一只眼睛：狄更斯塑造的人物形象　　　　33

让人忍俊不禁的曼塔里尼先生　　　　　　　　　53

不幸的婚姻：狄更斯笔下的夫与妇　　　　　　　63

堕落：监狱，政治和法律　　　　　　　　　　　75

美国人听不得一点坏话　　　　　　　　　　　　85

一看莎翁戏剧就生病：书籍和剧场　　　　　　　95

先生，再给点儿吧　　　　　　　　　　　　　　103

爸、泼、波、不伦、不类——胡说八道　　111

查尔斯·狄更斯生平大事年表　　125
查尔斯·狄更斯作品一览表　　131
作者简介　　135

序

　　查尔斯·狄更斯（Charles Dickens），1812年2月7日出生于英国朴次茅斯市波特西岛兰波特区麦尔安德街387号，也就是纳尔逊（Nelson）在特拉法尔加海战中击败拿破仑（Napoleon）之后的第七年，维多利亚女王（Queen Victoria）出生前的第七年。狄更斯不仅仅是出生于19世纪的一个孩子，后来他还成了19世纪最伟大的社会政治评论家之一。狄更斯的早年生活，无论从哪方面来说，都很幸福，因为正如G.K.切斯特顿（G. K. Chesterton）所写的那样："狄更斯出生时，正值家里好光景，早年的狄更斯自认为是安逸的中产阶级家庭的孩子，一个富裕的中产阶级男人的儿子。"事实上，狄更斯的父亲约翰·狄更斯（John Dickens），在狄更斯出生时是朴次茅斯海军军需处职员，由于工作的原因，狄更斯十岁前不得不跟着家人不断地从一个港口搬到另一个港口。

狄更斯在八个兄弟姐妹（只有六个活了下来）中排行老二，人们很快就发现狄更斯天赋异禀、聪明过人（实际上有人认为他能够过目不忘）。狄更斯喜欢唱歌和表演，父亲经常带他到酒馆，让他站在桌子上表演。尽管狄更斯的家庭生活很幸福，但是也有不完美的一面，狄更斯的父母花钱大手大脚没有节制。

狄更斯十岁时，再次搬了家，这次搬到了伦敦的卡姆登镇贝哈姆街16号，那时还只是荒凉的郊区。随之而来的是父亲收入的减少，这就意味着此时狄更斯一家的生活变得拮据起来，不得不勉强度日。也就是此时，狄更斯经受了人生中的第一次重大打击，他没能入学，只得在家附近找一些零活和跑腿的杂活。

就这样，狄更斯美好的童年生活结束了，这肯定对早年的狄更斯产生了很深的影响，父母债务越来越多（不得不变卖家具），无疑使狄更斯更加没有安全感。这时，狄更斯的母亲伊丽莎白·狄更斯（Elizabeth Dickens）创办了一所小型学校，取名"狄更斯太太学校"。然而，如狄更斯后来所写的那样，学校并不成功："根本没有人来这里上学，我不记得有什么人表示要来，更不记得我们为学生的到来做过什么准备工作……"

学校就这样不了了之，只得为狄更斯谋一份差事。家人的一个朋友詹姆斯·兰伯特（James Lamert）为狄更斯在沃伦鞋油作坊找了一份差事，作坊位于泰晤士河边亨格福德码头。年仅十二岁的狄更斯，每周挣六个先令，他的工作就是在鞋油罐子上贴标签，从早上八点干到晚上八点，中间吃饭休息一个小时，茶点时间半个小时。这是一份不体面而又枯燥的差事，工作厂房也令人生厌，湿气很重并且老鼠乱窜。然而祸不单行，1824年2月24日，就在狄更斯刚刚开始工作没几天，父亲被逮捕，关进了萨瑟克区马歇尔希负债者监狱。

后来，这些经历（包括鞋油作坊的经历和父亲被关入马歇尔希负债者监狱）都为狄更斯的小说提供了大量素材，特别是《大卫·科波菲尔》（*David Copperfield*）和《小杜丽》（*Little Dorrit*）。但是，可以想象在当时这些事件是多么令人绝望和无助，不用说这些事件一定让幼小的狄更斯觉得生活充满了危险。狄更斯的母亲和兄弟姐妹跟随父亲进了监狱，住在一个小房间里，而狄更斯则被送到了监狱旁边的一个寄宿处，继续在鞋油作坊干活。那段日子备尝艰辛，狄更斯的母亲典当了仅有的一点首饰和零散的餐具贴补家用，而狄更斯则奔波于住处和作坊之间。晚上，狄更斯一遍又一遍地读一些破旧的书籍，里面有一些好看的冒险故事，如小说《汤姆·琼斯》（*Tom Jones*）和《鲁滨孙漂流记》（*Robinson Crusoe*）等，这些书不仅给年少的狄更斯以精神安慰，而且深深地影响了他，让他有梦可做。

　　狄更斯在沃伦鞋油作坊干了大概一年时间，直到好运突然降临，父亲继承了一小笔遗产。1824年4月26日，狄更斯的祖母去世，留给父亲四百五十英镑的遗产，这些钱在当时也算不上多，但是已经足以还清债务。约翰·狄更斯从马歇尔希负债者监狱被释放出来，一家人回到了卡姆登镇，暂时居住在狄更斯的出租屋里。就是此时，约翰·狄更斯觉得儿子应该离开工厂去上学，而狄更斯的母亲却相当满意儿子的处境，觉得儿子应该待在工厂里。随之而来的是一番争论，虽然最终狄更斯的父亲胜了，但是，狄更斯始终不能彻底释怀，母亲竟想让他继续过那种艰苦的日子。《远大前程》（*Great Expectations*）中的皮普（Pip）说道："在孩子们生活的小世界里，不管抚养人是谁，他们感受得最深刻、最真切的莫过于遭到不公平待遇。"狄更斯对于母亲的偏心一直耿耿于怀，这只是我们的推测，然而可以确定的是，像皮普一样，狄更斯已经下定决心，通过自己不懈的努力去战胜所遇到的困难。

狄更斯进了惠灵顿寄宿学校，一所普通的学校。学习了两年后，他去了格雷律师学院埃利斯和布莱克摩尔律师事务所做办事员。其间，狄更斯经常出入剧院，还说服几家剧院经理让他客串一些滑稽角色。狄更斯小时候，父亲就经常让他在酒馆唱歌、跳舞，狄更斯曾一度梦想成为一名演员。讽刺的是，狄更斯在表演的时候会觉得那才是真实的自我，并且在同事中，狄更斯的模仿能力也是出类拔萃的。且不管对错，狄更斯也曾想要通过当演员来摆脱所面临的贫困生活，摆脱当律师助手的微薄收入（大约每周十五先令），积攒一些财富。然而狄更斯的舞台梦没有成真，这对于文学界来说实乃一大幸事。在十七岁的时候，狄更斯开始记录自己对城市生活的一些观察，记录他在大街上遇到的人。

大约在此时，狄更斯又决定成为一名政治媒体记者，于是他参加了速记课程，让所有人都感到惊奇的是，他在短短三个多月的时间里就完成了速记课程（通常这门课程需要三年时间才能完成）。掌握这门技能之后，狄更斯开始在《议会镜报》

（*The Mirror of Parliament*）工作，那个时期当记者是令人振奋的。时值正要通过《改革法案议案》（*The Reform Bill*），并且有了新的《工厂法》（*Factory Law*）去控制童工工作时长，另外还有新的《济贫法》（*Poor Law*）出台。狄更斯全身心地投入工作之中，同时还以博兹（Boz）为笔名给《贝尔的伦敦生活》（*Bell's Life in London*）撰写了一系列故事。狄更斯二十三岁时引起了查普曼和霍尔出版公司出版商威廉·霍尔（William Hall）的注意，威廉·霍尔询问狄更斯是否有兴趣写一些关于伦敦运动员生活的故事集，并愿意支付每月十四基尼的薪资。

这是狄更斯写作生涯的一个里程碑，因为这个故事集就是后来著名的《匹克威克外传》（*The Pickwick Papers*）。《匹克威克外传》取得成功之后，狄更斯又陆续出版了《雾都孤儿》（*Oliver Twist*）（1837—1839年），之后又写了《尼古拉斯·尼可贝》（*Nicholas Nickleby*）（1838—1839年）和《老古玩店》（*The Old Curiosity Shop*）（1840—1841年）。在这四部小说中，《雾都孤儿》和《尼古拉斯·尼可贝》为狄更斯的杰作，小说不仅反映了对社会的关注，也体现出狄更斯非常重视取悦读者。的确，小说中一些最感人的场景往往也是最风趣的地方，将风趣和智慧融为一体，也是狄更斯所有杰作的特质。

　　狄更斯一生出版了十四部小说，多部短故事集、剧作和游记，这还不算发表的许多有关社会变革的文章。狄更斯的足迹不只局限于英国，还遍及欧洲和美洲，四处讲演自己的作品，为比自己不幸的人们谋福祉。即使说狄更斯的私人生活近乎疯狂也不足为奇。

　　狄更斯爱上了一个年轻的女士玛丽亚·比德内尔（Maria Beadnell），但遭到了拒绝。于是在1836年，狄更斯和同行记者的女儿凯瑟琳·霍加斯（Catherine Hogarth）结了婚，后来他们生了十个孩子。正是在这段婚姻期间，狄更斯完成了他最出色的几部作品，如《大卫·科波菲尔》（1849—1850年），销量超过三十万册；《荒凉山庄》（*Bleak House*）（1852—1853年）、《艰难时世》（*Hard Times*）（1854年）和《小杜丽》（1855—1857年）。但遗憾的是，狄更斯的婚姻生活并不幸福。凯瑟琳腼腆不善社交，和狄更斯外向的性格显得格格不入。1858年，狄更斯不顾凯瑟琳的反对，同她分居，并结交了一个年轻的女演员埃伦·特南（Ellen Ternan）。当时对他俩的关系众说纷纭，猜想他们是否只是好朋友，抑或是情人关系；

实际上，有不少人怀疑埃伦·特南是否给狄更斯生过小孩（如果生了孩子，那么孩子是否夭折），抑或是堕过胎。不管事实如何，埃伦·特南是狄更斯生命中重要的一部分，而凯瑟琳却不是，因为他们分居之后，狄更斯搬到了肯特郡的盖德山庄居住。在盖德山庄，狄更斯完成了《双城记》（*A Tale of Two Cities*）（1859年）、《远大前程》（1860—1861年）和《我们共同的朋友》（*Our Mutual Friend*）（1863—1864年）。然而到19世纪60年代中期，狄更斯的身体状况每况愈下（很可能是因为过度劳累），没能完成最后一部小说《艾德温·德鲁德之谜》（*The Mystery of Edwin Drood*）就遗憾辞世。

1870年6月8日，经过一整天漫长的工作，狄更斯突发中风，第二天便与世长辞。举国上下为这位历史巨人哀悼，狄更斯被安葬在威斯敏斯特教堂的"诗人角"，坟墓开放两天，无数人前来吊唁，向死者告别。

狄更斯的离世标志着一个时代的终结，正如我们通过狄更斯的小说、绝妙的故事以及他所塑造的人物形象去观察维多利亚时代的英国一样，维多利亚时期的人们也是通过他们最喜欢的艺术家的作品去审视自己。

马的定义：童年和青少年时代

家庭生活是维多利亚时代社会理想的重中之重。然而，维多利亚时代也存在着极端恶劣的工作和生活条件，使得身处其中的孩子和成人很难获得快乐的家庭生活。似乎是为了论证这一观点，狄更斯在小说中不乏对高度畸形的家庭进行描写，例如：《荒凉山庄》中的杰利比家（Jellybys），《艰难时世》中的葛擂梗家（Gradgrinds）；他的小说中还会塑造一些成人形象，他们的经历极其悲惨，为了生计不得不背井离乡流离失所。《远大前程》中马格维奇（Magwitch）说："我曾经被铐起来，像个银茶壶……被装到车里运来运去，从一个地方到另一个地方。我被戴上足枷，被鞭打，被驱赶，我很害怕。不像你，我已经不知道自己在哪儿出生。我头一次知道世上还有我这个人，是在埃塞克斯郡，为了活下去，不得不偷萝卜吃。之前收养我的那个人是个男补锅匠，后来他丢下了我，还带走了火炉，剩我一个人挨冻。"

狄更斯童年也曾有过类似的动荡生活，或许没有小说中描写得那么困苦。这段历史，或许可以解释为什么狄更斯的著作中童年问题至关重要。除了在小说中对现实进行抨击，在穷人问题上，狄更斯也试图提出一些有益的建议，特别是规劝人们完善教育体制。直觉告诉狄更斯知识是改变孩子命运的唯一途径，他在《考察报》（Examiner）中写道："在英国除了犯罪、疾病和不幸外，无知也在不断滋生，无处不在。"

当然，大部分孩子最终会进入工厂，狄更斯也曾在工厂待过，那段记忆一直伴随着狄更斯整个成年生活，令他不胜其扰，以至于让他想改革整个体系。例如，应沙夫茨伯里伯爵（Earl of Shaftesbury）邀请，狄更斯参观了一个工厂，之后狄更斯写道："我所触目之处已经够了，让我深恶痛绝，震惊不已。我一定要尽我所能为那些不幸的人全力出击……"

时至今日，那些通过狄更斯"全力出击"而塑造的人物形象已经存活了大约一百五十年，如小扒手道奇（Dodger）、大卫·科波菲尔（David Copperfield）、斯麦科（Smike）和奥利弗·特维斯特（Oliver Twist）。狄更斯在描写这些人物的辛酸经历时，总不失幽默，这也足见狄更斯高超的写作技能。

在一个昏暗的房间的角落里，董贝坐在床边的一把大扶手椅上。儿子蜷缩在一个暖和的小睡篮里，睡篮被小心翼翼地放在一张低矮的长椅上，距离火炉很近。仿佛他是一块松饼，需要趁着还鲜嫩的时候，把他烤成棕色。

《董贝父子》（*Dombey and Son*），1846—1848年

"哦，"我的姨妈说，"这就是他的孩子——亲生儿子。他长得几乎跟他父亲一模一样，虽然也有几分像他母亲。"

《大卫·科波菲尔》1849—1850年

❧

想到这儿，斯奎尔斯先生（Mr Squeers）变得十分恼火，他盯着那个小男孩，看是否能找个碴狠狠地揍他一顿。然而，小孩竟什么也没干，于是，他只是给了小孩一记耳光就作罢了，并告诫小孩下不为例。

《尼古拉斯·尼可贝》，1838—1839年

❧

"你给马下个定义。"

听到这样的要求，西丝·朱浦（Sissy Jupe）大惊失色。

"二十号女生竟然不能给马下个定义！"葛擂梗先生为了教育这些小孩子说道，"二十号女生不知道什么是马，它是最常见的动物！男孩子呢？比策（Bitzer），你对马的定义是？"

那根方形手指点来点去，突然点到了比策，或许是因为他坐的位置和那个女生碰巧在同一束阳光里。阳光从一个没有窗帘的窗口直射进来，照进刷得雪白的屋子，同样也照到了西丝……

"比策，"汤玛士·葛擂梗说，"说说你对马的定义。"

"四足动物，食草类，四十颗牙齿，包括二十四颗臼齿，四颗犬齿，十二颗门牙。春天脱毛，在一些有沼泽地的国家还要换蹄，蹄子很硬，但是还需要钉掌。从牙齿可以判断出它的年龄。"比策如此种种说了一大堆。

"二十号女生，"葛擂梗先生说道，"你现在知道什么是马了吧！"

《艰难时世》，1854年

外甥为了报复、吓唬他的姨妈，屏住呼吸，让他姨妈相信他已经下定决心要把自己憋死。不管是轻言细语还是使劲摇晃，他还是憋足了气，憋得面色苍白，仍不肯罢休，一直憋着直到面无血色，终于姨妈再也忍不住了，把他领了出去。只见他两只眼睛鼓得像龙虾，完全看不到脖子。

《非营利的旅行者》之《伦敦市教堂》

（*The Uncommercial Traveller*），1860年

那些日子，一些庸医把柏油水当成是良药。乔夫人（Mrs
Joe）总是在碗橱里备着一些，深信这些令人作呕的东西会有
神奇功效。最流行的时候，把这种东西当作补品，让我大喝特
喝，记得当时无论我走到哪里都有一股难闻的味道，极像新篱
笆的味道。

皮普，《远大前程》，1860—1861年

"我的母亲？跑啦，夫人！"庞得贝（Bounderby）说道。
葛擂梗夫人一如往常，先是惊得目瞪口呆，然后瘫软下来，最
终没有说话。"我母亲把我扔给了外婆，"庞得贝说道，"记
忆中外婆是世上最邪恶最坏的女人。如果我有一双鞋子，她肯
定会从我脚上脱下来拿去换酒喝。因此，我了解了外婆会在早
饭前躺在床上喝十四杯烈酒。"

葛擂梗夫人虚弱地笑了一笑，毫无生气，看上去一如往常，
就像一个粗制滥造的透明的小雕像，只是背后缺乏了些光彩。

"她开了一间杂货铺，"庞得贝继续说道，"把我放到装鸡蛋的箱子里，那就是我婴儿时的摇篮。等我长大了一些，能够跑得快了，我自然就毫不犹豫地逃跑了。于是，我成了一个流浪汉，打我、让我挨饿的不再是那个老太婆了，换成是老老少少，所有人都打我，让我挨饿。他们是对的，他们没有义务帮我，我就是讨厌鬼、包袱、祸害，这一点，我特别清楚。"

《艰难时世》，1854年

"那几个年轻的女士们，"简短的寒暄之后，帕迪戈尔夫人（Mrs Pardiggle）便侃侃而谈起来，"这是我的五个儿子。你们可能已经从我们尊敬的朋友贾迪斯先生（Mr Jarndyce）的打印捐款单（也许不止一张）上面看到过他们的名字。我的大儿子埃格伯特（Egbert），十二岁，他把自己五先令三便士零用钱寄给了托卡胡铂印第安人；我的二儿子奥斯瓦德（Oswald），十岁半，捐了二先令九便士给国家史密瑟斯推荐书；我的三儿子弗朗西斯（Francis），九岁，捐了一先令六个半便士；我的四儿子菲利克斯（Felix），七岁，把八便士捐给了年迈的寡妇；我的小儿子阿尔弗雷德（Alfred），五岁，自愿参加'快乐宝宝会'，并发誓终身不抽烟。"

我们从来没有见过孩子们如此不满。不单是因为他们面黄肌瘦、毫无生气，尽管他们看上去确实如此，还由于他们看上去似乎极度不满、怒火中烧。

《荒凉山庄》，1852—1853年

❀

人们对待我的方式，就好像我自己非要出生似的，好像我是违逆着理性、宗教以及道德，不顾好朋友的劝阻，执意要出生似的。

皮普，《远大前程》，1860—1861年

❀

皮普钦夫人（Mrs Pipchin）管教孩子的方法是这样的，她不鼓励教育孩子像对待花蕾那样，让其自由绽放，自由发展，而是诉诸暴力，就像对待牡蛎那样强行打开……

《董贝父子》，1846—1848年

"尼可贝（Nickleby），我们采取实用的教育模式、正规的教学体系。c-l-e-a-n, clean, 动词，主动形式，擦亮，清洗的意思；w-i-n, win, d-e-r, der, winder, 窗户的意思。学生从课本里学到这个词组后，就去实践擦窗户。这跟学习使用地球仪的原理没什么区别。第二个学生在哪儿？"

"先生请看，他在花园里拔草呢。"一个细小的声音回答道。

"是的。"斯奎尔斯回应道，毫无慌乱之意。

"他是在拔草。B-o-t, bot, t-i-n, tin, bottin, n-e-y, ney, bottinney, 物质名词，关于植物的知识。既然他已经知道了这个单词是关于植物的知识，他就去切身了解它们了，这就是我们的体制。尼可贝，你觉得怎么样？"

"无论如何，我觉得它是行之有效的。"尼古拉斯郑重其事地回答道。

"我相信你，"斯奎尔斯回应道，并没有注意到前边那个孩子说话的语气，"第三个孩子，马是什么？"

"是野兽，先生。"那个男孩回答道。

"回答正确，"斯奎尔斯说道，"难道不是吗，尼可贝先生？"

"我认为一点错都没有，先生。"尼可贝先生应道。

"当然没错，"斯奎尔斯说，"马是四足动物，拉丁语里就是野兽的意思。这一点只要学过语法的人都知道，不然要语法还有何用！"

"嗯，的确。"尼古拉斯先生心不在焉地附和道。

"既然你已经完全清楚马是什么了，"斯奎尔斯转向回答问题的小孩说道，"还不赶快去照管我的马，把它的毛好好刷一刷，要不然我就刷你的毛……"

《尼古拉斯·尼可贝》，1838—1839年

"……现在，你看着这个小大卫·科波菲尔，我的问题是：我该拿他怎么办？"

"你要拿他怎么办？"狄克先生（Mr Dick）无力地挠挠头说，"哦，处理他？"

"是的，"我的姨妈应道，一脸严肃，竖起食指，"过

来！我要一些可行的建议。"

"嗯，如果我是你，"狄克先生一面思索，一面神情茫然地望着我说道，"我会——"

似乎从对我的打量中，他突然有了个好主意，立刻补充道，"我要把他洗干净！"

"珍妮（Janet），"我的姨妈心里窃喜，表面却不动声色，当时我还并不理解，转过头说，"狄克先生给我们出了一个好主意。烧洗澡水！"

《大卫·科波菲尔》，1849—1850年

"很好，"这位绅士抱着双臂，清脆地笑着说，"这就是马。好了，男孩和女孩们，现在让我问问你们，你们愿意用画有马的纸糊一个房间吗？"

过了一阵，有一半的孩子齐声喊道，"愿意，先生！"另一半从先生的表情中读出，"愿意"可能是错误的回答，于是齐声喊道："不愿意，先生！"——面对这样的场面，孩子们显得驾轻就熟。

"当然是不了。为什么不呢？"

又过了一阵，一个动作缓慢、胖乎乎的男孩喘着粗气，鼓足勇气回答道他根本就不喜欢糊房间，他更愿意去给房间刷漆。

"你必须用纸糊。"绅士说道，语气相当柔和。

"你必须得糊，"汤玛士·葛擂梗说道，"不管你愿意不愿意都得糊。别告诉我你不要糊，你什么意思，孩子。"

"那么，我来给你们解释一下吧！"一段沉闷的停顿后，那位绅士说道，"为什么你们不应该用画着马的纸来糊房间呢。在现实生活中，你们谁见过马在房间的墙上走来走去？见过吗？"

"见过，先生！"有一半如是回答。"没见过，先生！"另一半这般回答。

"当然没见过。"绅士生气地看着那一半回答错误的学生说道。

《艰难时世》，1854年

"总之，那对双胞胎不再靠自然的馈赠生存了，"米考伯先生（Micawber）信心满满地说，"他们已经断奶了。"

《大卫·科波菲尔》，1849—1850年

爱的牵绊：狄更斯坠入爱河

1829年狄更斯十七岁，遇到了第一个心仪的姑娘玛利亚·比德内尔（Maria Beadnell）。然而，他的爱恋并没有得到回应，并且玛利亚的父亲是一个银行家，发现了狄更斯的父亲曾经在马歇尔希负债者监狱待过，反对他们交往。初恋以失败告终，狄更斯伤心欲绝，发誓再也不要恋爱了，但是三年后却遇到了凯瑟琳·霍加斯并同她结了婚，后来还生了十个孩子。1836年他们结婚后，并没有过起二人世界，有一个人走进了他们的生活——凯瑟琳的妹妹玛丽（Mary）。

玛丽对自己的姐夫十分敬仰，狄更斯对玛丽也有好感。他常常谈及她的聪明和美丽，曾一度说她是"完美的生灵""举世无双"。然而不幸的是，1837年5月玛丽从剧院回家后，突然生病（医生后来说是心脏病突发），在狄更斯的怀里去世。后来，狄更斯坚决要保存玛丽所有的衣物留作念想，想念时可以看看，并且还说死后要葬在玛丽旁边。玛丽成了狄更斯理想女性的化身，成了他笔下纯洁少女的原型，一次又一次地在他的小说中出现，但是最著名的莫过于《老古玩店》里的人物小耐尔（Little Nell）。

尽管狄更斯和凯瑟琳绝非佳配，但是他们的婚姻关系仍旧维系了二十二年。在狄更斯最具自传性质的作品《大卫·科波菲尔》中，他向我们描述了为妻子所困的年轻小伙大卫的感受。"难受的感觉依旧，"他写道，"充斥着我的生活，如果说有什么变化，那就是这种感觉愈发强烈。和过去一样，很难辨明到底是何种情愫，如同漫漫黑夜中一串忧伤的音符，淡淡地回响在耳际。我深深地爱着我的妻子，我是幸福的。但是，朦胧中我所期许的幸福不同于我所拥有的幸福，总是缺点什么东西似的。"

狄更斯的婚姻里到底缺少了什么东西。在狄更斯四十六岁时，他遇到了十八岁的女演员埃伦·特南，再次坠入爱河。1858年，狄更斯和凯瑟琳分居，事实证明分居并不容易，给狄更斯招致了各种各样的非议，其中甚至有人声称狄更斯和他的嫂子乔治娜·霍加斯（Georgina Hogarth）有染（这个说法后来被证实是子虚乌有）。然而，那时伤害已经造成。"我的父亲，"狄更斯的女儿写道，"就像疯了一样……这场风波让他的状况糟糕透顶，也变得脆弱不堪。他完全不在乎我们会怎么样。"

最终狄更斯和他的妻子离了婚，继续和埃伦·特南见面，直到1860年年末，狄更斯的身体每况愈下。

要说狄更斯在描写爱情方面是一个浪漫的人，多少有些保守，因为那只是他在几部小说中表现出来的，但是下列引语倒是可以证明，狄更斯在描写爱情方面有一种机智的诙谐。

"……我们知道，维勒先生（Mr Weller），——我们通晓人情世故，懂得拥有一身好制服迟早能搞到女人。"

《匹克威克外传》之《穿蓝色衣服的绅士》，1836—1837年拒绝！遭到一名助教的拒绝，这样的助教，年薪五英镑，发放日期不确定，食宿和学生完全一样，是通过广告才招来的……

《尼古拉斯·尼可贝》，1838—1839年

我对董贝小姐的感情无以言表，我的心是一座荒岛，只住着她一个人，我对她的付出与日俱增，我也以此为傲。要是您能看到我脱掉靴子后的双腿，您就多少能够明白什么是单相思。

杜斯先生（Mr Toots），《董贝父子》，1846—1848年

"她是一个温婉迷人、讨人喜欢的女孩，"罗伯特·索耶先生（Mr Robert Sawyer）回答道，"据我所知，她只有一个缺点。但不幸的是，这个缺点恰好是没有眼光：她不喜欢我。"

《匹克威克外传》之《穿蓝色衣服的绅士》，1836—1837年

然而，爱需要温暖和积极的想象力给予实质性帮助：这种想象力，记忆悠长，仅靠一点点微量的营养，就能够在相当长的时间里蓬勃发展。

《尼古拉斯·尼可贝》，1838—1839年

要知道任何带有感情色彩的事情都不能向巴莱老头儿（Old Barley）倾诉，他只知道自己的痛风、朗姆酒和航班事务长的储藏室，至于心理层面他是完全不予考虑的。

《远大前程》，1860—1861年

董贝父子经常经营皮革生意，却从来没有涉足"心"，他们把这个充满幻想的器具留给了少男少女、寄宿学校和书本。董贝先生可能有这样的逻辑：

对于任何有点常识的女性，同他本人建立婚姻关系所

当然是一件光彩体面、值得高兴的事情；即便是胸无大志的女性，想到有希望给这样一个公司诞下新的合伙人，也定会唤起内心的荣耀感和激荡的野心。

《董贝父子》，1846—1848年

"我那可爱的佩克斯列夫小姐（Miss Pecksniff），"她［托杰斯夫人（Mrs Todgers）］说，"您那位位高权重的爸爸身体好吗？"

佩克斯列夫小姐暗示，她爸爸正在考虑给家里弄个高贵的妈妈呢；又煽情地重复道，她不是瞎子，也不是傻子，绝不能忍受这种事情。

《马丁·朱述尔维特》（Martin Chuzzlewit），1843—1844年

"人的心弦，"台波提先生（Mr Tappertit）说道，"有些最好不要拨动。"

西蒙·台波提，《巴纳比·拉奇》（Barnaby Rudge），1841年

❦

后来，我发现拉维妮娅小姐（Miss Lavinia）深谙情爱之道，因为据说某一位玩小惠斯特牌戏的皮治尔先生（Mr Pidger）就曾倾心于她。但我个人认为，这种说法纯属无端猜测，皮治尔先生完全没有那方面的意思，我从没听到他有任何那方面的表示。然而，拉维妮娅小姐和克拉丽莎小姐（Miss Clarissa）都迷信地认为：若非皮治尔先生酗酒伤身，后来又为了调理过度饮用巴斯圣水，以致英年早逝（大约六十岁去世），他一定会向她们表白。

大卫，《大卫·科波菲尔》，1849—1850年

❦

"哦！妈又和一个戴眼镜的什么人在那里，只见她面目狰狞！哦，我知道她要把他引荐给我！哦，别带他来，千万别带他来呀！哦，他要戴着那副眼镜来跟我跳舞了！哦，我怎么办啊？"这一回乔治娜（Georgiana）一边发泄着情绪，一边用双脚踢打着地板，一副走投无路的样子。但是，因为是威严的波

茨纳普太太（Mrs Podsnap）找来的人，躲是躲不掉的。那个陌生人步态轻盈，一只眼睛挤成一条线，已经完全看不到；另一只眼睛则装上了框子，镶上了镜片，借着这副器官俯视着下方，仿佛波茨纳普小姐在某个险峻的深井底部，被他发现，救上了地面，又步态轻盈地带走。

《我们共同的朋友》，1864—1865年

或许诺顿夫人（Mrs Norton）是最漂亮的，但是在我心里，公爵夫人更让我心动。

《查尔斯·狄更斯在美国的观察》（*Observation of Charles Dickens in America*），1842年

我喜欢奶牛，一直渴望退居瑞士农场，与牛群为伴，与瓷器为伴。

斯丘顿夫人（Mrs Skewton），《董贝父子》，1846—1848年

克里比奇纸牌游戏的第七天晚上，坐在一旁的托杰斯夫人提议不要赌钱，而应该赌"爱情"。刚一说完，就见到莫杜先生（Mr Moodle）变了颜色。到了第十四天晚上，佩克斯列夫小姐上楼睡觉，莫杜先生在过道里吻了她的蜡夹子——本来是想要吻手，但是没能吻到。

总之，莫杜先生脑海里开始有这样的想法，认为佩克斯列夫小姐的使命就是安慰他；佩克斯列夫小姐也开始考虑她最终成为莫杜夫人的概率有多大。

《马丁·朱述尔维特》，1843—1844年

狄更斯笔下的班布尔式形象

狄更斯塑造了许多小角色，如斯奎尔斯家族、佩克斯列夫家族、奎尔普家族（the Quilps）、希普家族（the Heeps）、斯克鲁奇家族（the Scrooges）和斯摩尔威德家族（the Smallweeds）等，其中《雾都孤儿》中刻画的救济院小职员形象——班布尔先生（Mr Bumble）是最为成功的一个。

狄更斯憎恶那些小官吏，他们虚伪、偏执、教条主义，最重要的是他们还恃强凌弱。狄更斯深谙社会的黑暗，救济院根本谈不上安全，反而是营养不良和疾病的滋生地（1839年，在伦敦的死亡人数中，有近一半是不足十岁的孩童）。所有这些都被狄更斯以各种方式写入了《雾都孤儿》，事实上小说中救济院场景的描述就是对1834年新颁布的《济贫法》的严厉控诉。班布尔这个人物形象的塑造是狄更斯的一次自我超越，狄更斯运用讽刺和诙谐的手法，使论证更加有力，为自己的喜剧写作增添了新的韵味，这在以前是很罕见的。

※

但是，（班布尔夫人①的）泪水根本无法触动班布尔的灵魂；他已经变得铁石心肠、油盐不进。如同可以水洗的獭皮帽，经过雨水冲刷反而更好，班布尔的神经也是如此，经过眼泪洗礼变得更加结实、有力。另外，眼泪是软弱的象征，至此等于默认了他的特权，这让他很高兴，也很得意。他志得意满地看着自己的好太太，鼓励她使劲儿哭，因为从机能上看，这种锻炼对健康十分有益。

"哭有助于舒张肺部，清洁皮肤，锻炼眼睛，缓解情绪，"班布尔先生说道，"尽情地哭吧。"

---

① 班布尔夫人，也就是曾经的柯尼夫人，柯尼先生的遗孀，下文中救济院的女总管。班布尔先生原来是教区执事，后来和柯尼夫人结了婚，当上了救济院的院长。班布尔先生说，男人的特权就是发号施令，女人的特权就是服从，并说已故的柯尼先生怎么没把这个道理教给妻子，因此班布尔夫人哭了起来。

班布尔打趣完后，取下挂钩上的帽子，时髦地把帽子歪戴在头上，全然一副得意模样，他觉得自己以适当形式成功地维护了自己的权威，双手插进口袋，信步朝门走去，满脸轻松滑稽的样子。

曾经的柯尼夫人（Mrs Corney）之所以先用眼泪来试探，是因为哭远比动手打人简单得多，不过，她已经准备好使用后一种模式了，这一点班布尔先生要不了多久就会发现。

班布尔先生领教了此事的第一个证据是，一声沉闷的响声传来，紧接着他的帽子突然飞向房间的另一侧。班布尔夫人精于此道，先是打飞了班布尔先生的帽子，然后一只手掐住他的脖子，另一只手朝着他的脑袋雨点般地抢过去，动作娴熟、精准有力。一招完后，又有新花样，又是抓脸，又是扯头发。如此这番过后，班布尔夫人觉得对于这种冒犯必须给予的惩罚已经差不多了，于是一把把班布尔先生推到一张椅子上，这椅子摆放的位置真是刚刚好，问他还敢不敢再说他有什么特权。

"起来!"班布尔夫人命令道，"滚出去，否则别怪我不客气。"

班布尔先生一副可怜相，一边起身，一边盘算着"不客气"能拿他怎样。他捡起帽子，向门口看去。

"还不走？"班布尔夫人诘问道。

"当然，亲爱的，当然，"班布尔先生回应道，立马移向门口，"我没打算……立马就走，亲爱的，你发那么大的火，真让我……"

就在此时，班布尔夫人一个箭步走上前来，本是想去收拾刚才在打斗中被弄得乱糟糟的地毯。班布尔先生敏捷地冲到屋外，顾不得把话说完，只剩下曾经的柯尼夫人占据整个战场。

班布尔先生着实吃了一惊，也着实被狠狠地揍了一顿。很明显，他自身很喜欢恃强凌弱，并对此乐此不疲。结果呢，无须多言他是一个胆小鬼。这绝非是对他人格的侮辱，因为许多深受敬仰和爱戴的官员也有类似的缺点。事实上，这样说不但不是贬低，反而对他有利，可以让读者正确地认识官员的执行能力。

但是，他的丑还没出够。在救济院里巡视一圈后，他第一次觉得"济贫法"实在太过于严苛，那些逃离妻子、把妻子扔给教区去管的男人，非但不应该受到惩罚，还应该得到褒奖，因为他们遭受了太多磨难。他来到一个房间外，通常有一些女工在这里清洗教区的亚麻织品，此时里面传来聊天的声音。

"哼！"班布尔先生用高人一等的语气说，"你们这群女人至少应该尊重这种特权吧！嘿！嘿！说你们呢，你们这群贱妇竟敢在这儿吵吵嚷嚷！"

说完之后，班布尔先生推开门，怒气冲冲地走了进去。但是当他意外地看到自己的妻子时，立马变得卑躬屈膝、唯唯诺诺起来，"亲爱的，"班布尔说，"我不知道你在这里。"

"不知道我在这儿？"班布尔夫人重复了一句，继续说道，"你来这里干吗？"

"亲爱的，我想她们老是聊天，会影响工作的，"班布尔先生解释道，无意间瞥见两个老妇正在洗衣盆旁，对他低声下气的姿态评头论足。

"你觉得她们老是聊天？"班布尔夫人反问道，"这关你什么事？"

"亲爱的，这……"班布尔先生无力反驳。

"这跟你有什么关系？"班布尔夫人再次发问。

"亲爱的，你说得非常对，你是这里的总管，"班布尔先生附和着，"但是我以为你这会儿没准不在这里呢。"

"班布尔，我告诉你，"班布尔夫人回答道，"我们不需要你插手。你真的很喜欢多管闲事。只要你转过身去，这里的人都在笑你，你天天就像个小丑。你给我出去，走！"

看到两个老妇在一旁开心地窃笑，班布尔先生觉得难以容忍，不禁犹豫了一下。班布尔夫人却是半点儿耐心都没有，端起一盆肥皂水，朝他比画着，命令他马上离开，否则就让他肥胖的身子尝尝这肥皂水。他能怎么办呢？他沮丧地环视了一周便溜掉了。他刚走到门口，刚才的窃笑变成了刺耳的嘲笑声，笑声中带着难掩的喜悦。这正是她们期望看到的，在她们眼里，他的形象尽失，在穷人面前，他没有了身份和地位，从巅峰到低谷，他已从高高在上的教区执事沦为遭人白眼的妻管严。

"只是短短两个月！"班布尔先生郁闷地说道，"就两个月！两个月前，我还是自己的主人，掌管教区救济院中的每一个人。但是现在……"

《雾都孤儿》，1837—1839年

他只有一只眼睛：狄更斯塑造的人物形象

狄更斯的小说或短篇故事都具有鲜明的特色，其中最突出的特点在于，合上书之后，仍旧有许多形形色色的人物形象在读者的脑海中久久不能消散。事实上，除了莎士比亚外，我想不到还有哪位作家能像查尔斯·狄更斯那样能够塑造出如此让人刻骨铭心的人物形象。奥利弗·特维斯特、大卫·科波菲尔和斯克鲁奇自不必说，还有像米考伯先生、费金（Fagin）和马格维奇等鲜明的人物形象。这些人物形象以及他们自身的一些小怪癖是狄更斯的惯用手法，但是正如狄更斯本人在一些场合说的那样，这些人物形象并非他凭空构想，而是在他设定好人物名字之后才出现，所以不管什么时候，只要他发现一个有趣的名字（从登记簿上或从墓碑上），他都立刻记在笔记本上。

不仅如此，狄更斯对人物形象的塑造，是通过让这些人物形象在他脑海中逐步演变丰满来完成的。"假设，"有一次狄更斯端起一个玻璃杯对一群朋友说，"假设选定这只杯子作为一个小说人物，把它想象成一个人，赋予它一些特质，马上就会有各种朦胧、不可捉摸的奇妙思绪从四面八方汇聚而来。我们不知道它们从哪里来，但是它们开始围绕这个人物形象旋转、缠绕、编织，最终获取它的形态和内涵，变得活灵活现。"狄更斯称这个过程为"神秘莫测"，但部分原因肯定是由于狄更斯丰富的视觉描写，还有他本人的喜剧天分，善于通过人物的缺点或者其他各个方面对人物进行归纳总结。

斯奎尔斯先生长得并不讨人喜欢。他只有一只眼睛，而当时人们都喜欢有两只眼睛的人。

《尼古拉斯·尼可贝》，1838—1839年

乔夫人是一位非常爱干净的主妇，但是她干净得有点过分，她的干净比肮脏更让人觉得不舒服，不能接受。

《远大前程》，1860—1861年

现在和盖什福（Gashford）对抗的是一个矮胖敦实的家伙，低陷的额头由于脱发又向后延伸了一些，一头乱糟糟的头发，两只小眼睛紧紧地靠在一起，幸亏中间横着塌陷的鼻梁把它们分开，不过即便是它们合二为一，也只能抵得上正常人的一只眼睛般大小。

《巴纳比·拉奇》，1841年

波茨纳普先生是有钱人，而且他认为自己还身居高位。

《我们共同的朋友》，1864—1865年

❦

……我隐隐有种感觉，沃普塞先生（Mr Wopsle）的台词说得确实不错——当然并不是因为我们是老交情我才这样说，而是因为他说得非常慢，非常凄凉，声音忽高忽低，抑扬顿挫，很有感染力。这与任何在生死关头的人表达自己感情的方式都不一样。

皮普，《远大前程》，1860—1861年

❦

巴纳克尔先生（Mr Barnacle）的生涯始于一个比较幸福的时代，当时国家还不是那么吝啬，"拖拉衙门"也没有那么多麻烦缠身。他在脖子上缠上一层层白色的领带，就像是在国家的脖子上绕上一层层的公文一样。

《小杜丽》，1855—1857年

❦

恰德班德先生（Mr Chadband）身材魁梧，肤色发黄，肥

胖的脸上老堆着笑，整个看上去好像一身鲸油的样子。

《荒凉山庄》，1852—1853年

斯巴克勒先生（Mr Sparkler）因为爱情显得容光焕发，他答道，什么样的活动就应该配什么样的鞋：比如打猎要有猎鞋；玩板球就要有板球鞋。但是他觉得亨利·戈文（Henry Gowan）没有什么专门的鞋。

"没有什么特长？"杜丽先生（Mr Dorrit）问道。

"特长"这个词对于斯巴克勒先生来说不太好记，他的精神也很疲惫了，所以他答道："不用，谢谢。我难得吃这些东西。"

《小杜丽》，1855—1857年

大多数公众人物都有自己的缺点；其实斯内夫利契先生（Mr Snevellicci）有些沉迷于喝酒；如果真要实话实说，那就是他几乎没有不醉的时候。他知道自己醉酒有三个明显的阶段——自高自大、喜欢争吵、轻狂放纵。有要务在身时，他从不超过第一个；在私生活中，三个一个不落，转变速度极快，常常令那些不认识他的人不明所以。

《尼古拉斯·尼可贝》，1838—1839年

任何一个人穿得衣冠楚楚都会显得有精神、有风度。不过这也没什么道理。

马可·塔普利（Mark Tapley），《马丁·朱述尔维特》，

1843—1844年

说实话，他还真像个木制的人，似乎他那条木腿也是天生的，甚至还会让一个爱幻想的观察家认为，如果成长过程中不出什么意外的话，大概六个月后，他可能会长出两条完整的木腿来。

《我们共同的朋友》，1864—1865年，关于塞拉斯·魏格

（Silas Wegg）

默德（Mould）把他的丝绸手帕又盖在头上，让自己镇定一会儿，好去打个盹儿，"几乎愿意分文不取，而且还把事办得干净利落。"

《马丁·朱述尔维特》，1843—1844年，

关于萨拉·甘泼（Sarah Gamp）

斯巴塞太太（Mrs Sparsit）被当作是一堆颓废的古迹，到了目的地成了吸引人的奇观；但从另一个角度来看，到时她受到的摧残真够厉害，引起人们阵阵赞赏。

《艰难时世》，1854年

"先生，完全哑了，像一只破鼓，一点声都出不了。"

山姆·维勒（Sam Weller），《匹克威克外传》，1836—1837年

❁

佩弗（Peffer）在世的时候，也就是斯纳斯比（Snagsby）当学徒的整整七年的时间里，和佩弗一起住在这个法律文具店里的是他的侄女——矮小、泼辣，腰身扎得紧紧的，尖尖的鼻子好像寒冷的秋夜，夜越深越冷，鼻子越到鼻头越尖。

《荒凉山庄》，1852—1853年

❁

年收入二十英镑，年花销十九英镑十九先令六便士，这算下来还乐观些。要是年收入是二十英镑，年花销是二十英镑六便士的话，这日子可不好过啊。到时候，花凋谢，叶枯萎，日落西山，一片凄凉。总之一句话，你就彻底完了，就像我现在这样!

米考伯先生，《大卫·科波菲尔》，1849—1850年

❁

"拉姆尔夫人（Mrs Lammle），今天真暖和啊！"迷人的

弗莱吉尔（Fledgeby）说。拉姆尔太太觉得今天并不像昨天那样暖和。"可能不是吧，"迷人的弗莱吉尔反应极快，见风使舵，"不过我看明天会非常热。"

《我们共同的朋友》，1864—1865年

石头里榨不出血来，米考伯先生这儿现在什么也榨不出来（更别提诉讼费了）。

米考伯夫人，《大卫·科波菲尔》，1849—1850年

喂，庞得贝先生几乎可以算是葛擂梗先生的知己，正如一个铁石心肠的人可能与另外一个铁石心肠的人神交一样，所以我说庞得贝先生和葛擂梗先生很近，但或许读者会更喜欢说庞得贝先生和葛擂梗先生很远。

他是个有钱人：银行家、商人、制造商等。他身材魁梧，嗓门洪亮，眼睛老盯着别人，发出的笑声像是破锣在响；他是被粗制滥造出来的，似乎是用一些破烂材料扯来扯去扯出

来的；他膨头胀额，太阳穴上青筋暴露，脸上皮肤紧绷像是把眼睛绷开了，把眉毛提起了似的；他如同一个全身充了气的气球一样时刻准备蹿出去；他永远都吹嘘不够自己是白手起家的人；他总是用他那黄铜喇叭到处宣扬他过去的愚昧和穷苦的人；他是个"谦虚"得让人害怕的人。

庞得贝先生比他那个实用主义的朋友小一两岁，但看上去要更老一些；他四十七八岁，但是即便是再说大七八岁，也不会有人感到惊讶。他头发不多。人们可能调侃过，说他的头发都是被他讲话讲掉的，而剩下的那点头发之所以散乱地竖立着也是他吹牛吹起来的。

《艰难时世》，1854年

沃顿夫人（Mrs Varden）总是出奇地兴奋。确实，这位名副其实的家庭主妇性情就是这样反复无常，她一会儿淡定，一会儿吃惊，一会儿很温和，一会儿发怒，马上又变得很忠心，转眼又面无表情，从这一点来看，她比麦克白（Macbeth）更算得上是"天才"。而且，在短短一刻的时间里，她的这些情绪有时候能来来回回地反复出现，如同编钟发出三个主音，变化之迅速，手法之高明，震惊四座。

《巴纳比·拉奇》，1841年

"啊！……他死后会是一具可爱的尸体。"

萨拉·甘泼，《马丁·朱述尔维特》，

1843—1844年，关于一位病人

波茨纳普一家住在波特曼广场边一个阴暗的拐角处。他们这类人，不管住在哪里，都一定住在阴暗的地方。

《我们共同的朋友》，1864—1865年

首先是斯波突透先生（Mr Spottletoe）。他头顶秃秃的，却满脸络腮胡，看起来好像是突然用了什么强效的良药，把原本顺着脑袋垂落的头发给止住，永远扎根在了脸上似的。

《马丁·朱述尔维特》，1843—1844年

虽然少校不加掩饰地自我夸奖了一番，但他是自私的。世界上是否有过比他内心更自私的人，这一点还不能肯定，或许说"比他胃更加自私"更好一点，因为他的胃生来要比他的心强很多。

《董贝父子》，1846—1848年

斯洛皮（Sloppy）身材极不协调。长度太长，而宽度太窄，全身关节也长得太过突出。他是属于走路都走不稳的那种人，生来就很不慎重，把自己的扣子都露出来，也不盖着点儿……

《我们共同的朋友》，1864—1865年

这甘泼太太是个肥胖的老女人，声音沙哑，眼睛泪汪汪的。她有种能耐，能把眼睛朝上翻露出白眼珠来。她脖子很

短，和别人说话时，眼光总是很难越过自己（如果可以这样说的话），看到对方……甘泼太太的脸，尤其是鼻子有点红还有点肿，和她在一块儿很容易感觉到强烈的酒味儿。

《马丁·朱述尔维特》，1843—1844年

"我应该不用请求您，"（董贝先生）走到壁炉前的长椅边停了片刻补充道，"请求您格外照看好这位年轻的先生吧，您……"

"是布洛基特夫人（Mrs Blockitt），先生"，护士提示道。这是位很可怜的女人，家徒四壁，笑容有些牵强；她不敢把自己的名字当作事实大胆地讲出来，只是把它当作建议温和地提出来。

《董贝父子》，1846—1848年

在铁匠家里，人们叫他西蒙，而他称自己为西蒙·台波提先生，不管是周末还是假期，出门在外的时候他也要别人这样

叫他。台波提是个老派的人，脸瘦、鼻尖、眼睛小、头发细。他个头矮小，不过有五英尺，但在他心目中，他坚信自己是中上等身材；事实上这也算是高的了。对于自己的身材，他可是非常满意，看上去虽然有点瘦，但体型是非常匀称的；他的腿套着短裤，小得出奇，但对此他也是欣喜若狂。关于他眼睛的威力，他也有一些想法，很宏大却很模糊，就连他最亲密的朋友也从没揣摩出来是什么。人们都知道他特别爱吹牛，鼓吹用简单的方法就可以征服最傲慢的美人，他把这个方法叫作"从头到脚扫一遍"。但是这里必须要加一句，不管是这种才能还是他自称已具有的威力，他都从来没有提供过任何令人满意的确凿证据来证明它们，证明它们曾击败过一些哑巴动物，哪怕是一些得了狂犬病的动物也罢。

《巴纳比·拉奇》，1841年

虽然雷斯特·德洛克爵士（Sir Leicester Dedlock）只是一位准男爵，但是没有哪位准男爵比他更了不起。他的家族历史悠久，如同山脉一样古老，但比山脉更有名望。他的观念就是这个世界没有山不要紧，但没有德洛克这家族可不行。

《荒凉山庄》，1852—1853年

现在班布尔先生长得胖，性子暴躁，所以对于这样诚挚的问候，他并没有做出亲切的回应，而是狠狠地摇了一下那扇小门，又给了它一脚，这样的一脚除了教区干事外，谁也踢不来。

《雾都孤儿》，1837—1839年

关于他在建筑方面做的事情，人们一无所知，除了一点，那就是他从来都没设计过或建造过什么；但是人们都知道他这方面的知识非常渊博。

《马丁·朱述尔维特》，1843—1844年，关于佩克斯列夫先生

米考伯夫人恢复能力相当强。我曾见过她在三点钟的时候看到税单昏过去，而在四点钟的时候又去吃羊排、面包，喝热

麦酒（这些是用当掉两个茶匙的钱买的）。

大卫，《大卫·科波菲尔》，1849—1850年

维尼林夫妇是新来的，住在伦敦一个新住宅区的新房子里。维尼林夫妇的一切都是新的。他们的家具是新的，所有的朋友是新的，所有的仆人也都是新的。他们的车牌是新的，马车是新的，马具是新的，马也是新的。他们的画像是新的，他们自己也是新来的。他们还是新婚夫妇，法律上讲还可以拥有一个新生婴儿。而且，如果他们有曾祖父的话，他也会被席子包好，从家具仓库运回家，身上没有任何刮伤，连头顶也会像法国油光漆涂过一样明亮。

《我们共同的朋友》，1864—1865年

有一个善于奉承的人为伴，心情会相当愉悦，但前提是他只向你谄媚，一旦他夸奖起别人来，他的鉴赏力就变得不足为信了。

《尼古拉斯·尼可贝》，1838—1839年

瓦登太太（Mrs Varden）是人们通常所说的喜怒无常的女人，"喜怒无常"指的是一种几乎让每个人都或多或少觉得不舒服的脾气。

《巴纳比·拉奇》，1841年

"皮果提（Peggotty）！"贝西小姐（Miss Betsey）重复了一下，有些气愤，"孩子，你的意思是说有人去了基督教堂，给自己取了皮果提这么一个教名？"

大卫，《大卫·科波菲尔》，1849—1850年

你们真绅士，就差没那只猫；这其实对我来说倒是挺合适，值得庆幸，因为我不太喜欢猫之类的动物。我叫提格，你们好。

提格·蒙塔古（Tigg Montague），《马丁·朱述尔维特》，

1843—1844年

那不是一个让人依偎的胸脯，但那是一个佩戴顶级珠宝的胸脯。

　　《小杜丽》，1855—1857年，关于莫多尔夫人（Mrs Merdle）

　　从茱蒂（Judy）的穿着来看，人们也许认为她干的活儿是做玫瑰花刺，而不是做玫瑰花。

　　　　　　　　　　《荒凉山庄》，1852—1853年

让人忍俊不禁的曼塔里尼先生

在漫长的创作生涯中，查尔斯·狄更斯作为一名小说家兼剧作家，创造了许许多多绝佳的人物形象。其中要数《尼古拉斯·尼可贝》中塑造的曼塔里尼先生（Mr Mantalini）最让人忍俊不禁，并且所运用的手法与其他任何一部作品都不尽相同。

《尼古拉斯·尼可贝》是继《雾都孤儿》出版不久后又一部杰出的幽默小说，对约克郡学校（主要针对被遗弃的私生子的学校）进行了辛辣地讽刺，书中为我们呈现出一些鲜明的人物形象，例如：充满戏剧性的克拉姆尔斯夫妇（Mr and Mrs Crummles）、他们的"神童"女儿、大部分时间蜷缩在沙发上的维蒂特利夫人（Mrs Wititterly）以及很少能记得自己在说什么的尼可贝夫人（Mrs Nickleby）。有些人认为怪异的斯奎尔斯家也很滑稽，只是他们有自己独特的方式，比较典型的是可怜的范尼·斯奎尔斯家（Fanny Squeers）。最值得一提的是曼塔里尼先生，他对长期饱受痛苦折磨的妻子疼爱有加，比如他会称呼妻子"小甜心"，这个称呼即便是在今天听起来也不落俗套，更何况是在狄更斯的时代呢！

"让我看看那些名字吧，"拉尔夫（Ralph）回应道，不耐烦地伸手去要那些债券。"哦，它们并不确定，但是安全还是有保证的。你愿意接受这些条件，把钱带走吗？我其实不想你这么做，我宁愿你不同意这些条件，不兑换这些钱。"

"该死的，尼可贝，难道你就不能……"曼塔里尼说。

"不，"拉尔夫没等他说完就打断了他的话，"不能。你愿意把钱拿走吗？注意是现款。不要耽搁，不要去伦敦金融商业区，假装去和一些不存在也从来不曾存在过的人谈判。成交还是不成交？"

拉尔夫边说边把几张纸推了过去，漫不经心地敲打着钱箱，似乎一切都是不经意间完成的。曼塔里尼先生完全受不了钱箱叮当作响，刚一听到响声，就立马同意成交。于是，拉尔夫就开始数钱并把钱放在桌子上。

拉尔夫刚数完钱，曼塔里尼还没来得及把钱全部收起来，门铃就响了，随后纽曼（Newman）立刻迎进来一个人，不是别人，正是曼塔里尼夫人。一见到是曼塔里尼夫人，曼塔里尼先生很惊慌，以迅雷不及掩耳之势一股脑把现金席卷进自己的口袋。

"哦，你在这儿呢。"曼塔里尼夫人把头一仰说道。

"是的，亲爱的，我在这里，"曼塔里尼先生应道，双膝跪地，像顽皮的小猫扑来扑去抓掉在地上的一枚枚英镑。"我在这儿呢，亲爱的，正在汤姆·提德勒的地盘（Tom Tiddler's Ground，"占金山"，是一种儿童游戏，财富聚集的地方）捡那该死的金币。"

"真替你感到丢脸。"曼塔里尼夫人怒斥道。

"丢脸——替我？我的心肝儿，我知道你是在讲甜蜜的小情话，却又顽皮地欲盖弥彰，"曼塔里尼先生回应道，"你才不会为你的小可爱感到丢脸呢！"

不管是什么原因走到了现在的境地，似乎可以确定这位小可爱打错了算盘。目前来看，他的夫人并不似想象中爱他。曼塔里尼夫人只是不屑地瞥了他一眼，进而转向拉尔夫请求原谅自己不请自来。

"一切都归咎于，"曼塔里尼夫人说道，"归咎于曼塔里尼行为不当，举止不端。"

"怪我？我的小甜心啊！"

"就是怪你，"曼塔里尼夫人说道，"但是，我再也不会纵容你的行为。我不会坐以待毙，毁于他人骄奢淫逸的作风。我请尼可贝先生来为我们做公证。"

"曼塔里尼夫人，请您不要让我为任何事情见证，"拉尔夫说，"你们俩自己解决，你们俩自己解决吧。"

"不，这件事我一定得请您帮忙，"曼塔里尼夫人说，"听听我给他的最后通牒，那是我决定要做的——势在必行，绝不动摇，先生！"曼塔里尼夫人愤怒地看了丈夫一眼重复道。

"她居然叫我'先生'？"曼塔里尼喊道，"我——这个迷恋着她的人。她魅力无限，如同一条纯洁、天使般的响尾蛇将我缠绕！而今，这一切连同我的感情都要结束了；她要把我抛进绝境。"

"别跟我谈感情，先生，"曼塔里尼夫人坐下来，背对着曼塔里尼先生说道，"你都不考虑我的感情。"

"我没考虑你的感情？我的宝贝！"曼塔里尼先生惊叫道。

"没有。"曼塔里尼夫人回应道。

尽管曼塔里尼先生花言巧语，极尽溢美之词，曼塔里尼夫人还是说不，怒气冲冲，坚决果断，这显然使得曼塔里尼先生大为吃惊。

"尼可贝先生，他奢侈浪费，"曼塔里尼夫人对拉尔夫说，"毫无节制。"而此时，拉尔夫先生正背着手，靠在安乐椅上，注视着这亲密的一对，满脸高高在上、鄙夷的微笑。

"我真是万万没想到啊！"拉尔夫讽刺道。

"可是，尼可贝先生，我向你保证，这就是事实。"曼塔里尼夫人应道，"这让我很痛苦，烦恼不断，总是陷入困境。即便是这样，"曼塔里尼夫人抹着眼泪说，"也不是最坏的。今天早上，他背着我从我的抽屉里拿走了几张债券。"

曼塔里尼先生轻声呻吟着，扣上了裤子口袋。

"最近走霉运，"曼塔里尼夫人继续说道，"我不得不付给纳格小姐（Miss Knag）一大笔钱，把她加入我们的生意伙伴里。我实在经受不起他这么大肆铺张浪费。尼可贝先生，我确信他会直奔你这里，把我刚才说到的那几张债券兑换成现钱，因为之前你经常帮助我们，特别是在这一类事情中和我们接触密切。我希望你明白，是他的行为迫使我下这么大的决心。"

又是一声呻吟，曼塔里尼先生在他妻子帽子后面，把一枚金币嵌在一只眼中，另一只眼对拉尔夫使了一个眼色。动作敏捷，一气呵成，随即将一枚金币放入口袋，又是一声呻吟表示忏悔愈发虔诚。

拉尔夫显得有些不耐烦。"我已经下定决心，"曼塔里尼夫人说道，"给他一些生活费。"

"什么？我的宝贝儿。"曼塔里尼先生问道，似乎没听清楚那几个字。

"付给他，"曼塔里尼夫人看着拉尔夫说，谨慎地不敢看向丈夫，哪怕是一瞥，生怕被丈夫的风度俘获，动摇自己的决心，"付给他一笔固定的生活费。我认为，一年一百二十英镑供他买衣服和零花用，他就应该觉得自己是一个幸运的人。"

曼塔里尼先生绅士地等着听妻子提议给他多少生活费，然而刚听到那个数目，他便把帽子和手杖一股脑扔到地上，掏出手帕呻吟着发泄情绪，尽显凄凉。

"天杀的！"曼塔里尼先生喊道，突然从椅子上跳起来，随即又一屁股坐到椅子上。曼塔里尼夫人吓了一大跳。"不，不。这是个该死的噩梦，不是真的，不！"

曼塔里尼先生以此自慰，于是闭上双眼，耐心地等待着醒来的时刻。

"很明智的安排，"拉尔夫讽刺道，"如果你的丈夫能做到，曼塔里尼夫人——毫无疑问，他肯定能做到。"

"天杀的！"一听到拉尔夫的话，曼塔里尼先生便突然睁开双眼，大声吼道，"多么可怕的现实，她就端坐在我的面前，体态优雅依旧；不可能搞错——没有什么能比得上她，那两位伯爵夫人根本没有线条，那位贵妇也是身材严重走形。为什么她是如此美丽，即使到了现在，我还是没办法冲她发火呢？"

"这一切都是你自找的。"曼塔里尼夫人责备道，口气已经缓和了一些。

"我是个浑蛋！"曼塔里尼先生用力敲打着自己的脑袋，

大声喊道，"我要拿一英镑金币换成半便士零钱，装进口袋里，然后跳进泰晤士河自尽；但是即便这样，我也不会生她的气，我会花两便士给她寄张字条，告诉她我的尸体在哪里。她会是一个可爱的寡妇，而我将成为一具尸体。一些漂亮的女人会哭泣；她会放声大笑。"

"你这个冷酷无情的家伙。"想到那可怕的场景，曼塔里尼夫人抽泣道。

"她说我残忍——我——我——为了她，我就要成为一具湿淋淋、潮乎乎、令人作呕的死尸了！"曼塔里尼先生呼喊道。

"你知道的，只是听你这么一说，我的心几乎要碎了。"曼塔里尼夫人回应道。

"遭到如此猜忌，我还能活下去吗？"曼塔里尼先生喊道，"我已经把心切成了无数片，一片一片地全都给了那个让我魂牵梦绕、无法自拔的小妖精，我能被她猜忌着活下去吗？该死的，不，我不能。"

"问问尼可贝先生，看看我刚才提到的生活费是不是合适。"曼塔里尼夫人理论道。

"我什么也不要，"曼塔里尼先生闷闷不乐地回答道，

"我不需要什么该死的生活费，我就要去死了。"

曼塔里尼先生数次以死相逼，曼塔里尼夫人只得搓拧着双手，恳求拉尔夫干预。几经哭闹，几经交涉，甚至有几次，曼塔里尼先生就要夺门而出自寻短见了，但是，这位绅士最终被劝服，勉强决定不去死了。取得初步成果后，曼塔里尼夫人又开始讨论生活费的问题，曼塔里尼先生又开始寻死觅活，却又不失时机地表示：他可以靠着面包、水和破旧的衣服心满意足地过活，但是被最挚爱的人怀疑，生不如死。这又使得曼塔里尼夫人满含泪水，以至于对曼塔里尼先生的一些缺点有所动容，但是也只是有点动容，尚能够轻而易举地遏止。结果是，曼塔里尼夫人虽然并没有完全放弃生活费的问题，但是暂时不去进一步考虑；拉尔夫看得明白，曼塔里尼先生又获得了一段时间，可以继续放荡的生活，不管怎样，在相当长的时间里，他暂时不用担心落魄和破产。

《尼古拉斯·尼可贝》，1838—1839年

不幸的婚姻：狄更斯笔下的夫与妇

　　狄更斯和凯瑟琳·霍加斯的婚姻并不十分圆满，这一点是不争的事实，不过，他们携手走过了长达二十二个春秋，还育有十个孩子，所以在这期间他们还是有过一段幸福的时光。话虽如此，凯瑟琳和狄更斯确实并不十分般配，狄更斯曾在写给友人约翰·福斯特（John Forster）（后来成为他的传记作者）的信中写道：

　　"可怜的凯瑟琳和我并不是天造地设的一对，这也是没有办法的事。不单是她让我感觉痛苦不安，恐怕是我让她感觉痛苦不安更多一些。她的确如你所知，和蔼可亲、百依百顺，但奇怪的是，我们的感情却并不好。天知道她若嫁给另一个男人会比现在幸福几百倍；若是她没有嫁给我，那对于我们两个来说都是好事。"

结婚之后，影响他们关系的还有来自其他方面的压力，毫无疑问其中包括狄更斯地位的变化——从默默无闻的作者、作家变成全国瞩目、最受人崇拜的伟大人物，还包括，凯瑟琳的两个妹妹（玛丽和乔治娜）来和他们同住，并一度受到狄更斯的喜爱。

而在狄更斯的小说中，拉姆尔夫妇可能是最可悲、最阴险的一对，而曼塔里尼夫妇则是最诙谐幽默的一对。另外，班布尔夫妇紧随曼塔里尼夫妇之后，也十分风趣幽默；还有克拉姆尔斯夫妇，他们虽然没有吵得不可开交，却也是极其诙谐的一对。

"我已经找到了治这病的妙方了，萨米（Sammy）。"①维勒先生放下杯子说道。

"医治痛风的妙方？"匹克威克连忙掏出笔记本，问道，

---

① 萨米（Sammy）是塞缪尔（Samuel）的昵称，也就是塞缪尔·匹克威克（Samuel Pickwick）。

"这妙方是什么？"

"先生，"维勒先生答道，"痛风这病都是闲出来的。先生，要是你害了这病，只需要娶一个大嗓门的老婆，只要她懂得用这大嗓门，痛风这病你就不会再犯了。"

《匹克威克外传》，1836—1837年

"我相信那是家族遗传，先生，"维勒先生答道，"我父亲对这非常有一套。如果我继母对他发火，他就吹口哨。她气不过，折断他的烟袋，他就出去再买一根新的。后来她大吵大闹，近乎歇斯底里，他却淡定闲适地抽着烟，等着她慢慢平静下来。这就是一种生活哲学，不是吗？先生。"

《匹克威克外传》，1836—1837年

在他旁边经常放着一个空垫子，每当遇到老伴提起钱，这个让他特别敏感的话题时，他就拿这个垫子向她扔去。

"巴特（Bart）在哪儿？"斯摩尔威德爷爷问巴特的孪生

妹妹茱蒂。

"他还没回来呢。"茱蒂答道。

"他该回来喝茶了，不是吗？"

"不是，没到点。"

"那你说还差多长时间？"

"十分钟。"

"什么？"

"十分钟！"茱蒂大声喊道。

"哦！"斯摩尔威德爷爷说，"差十分钟。"而这时，斯摩尔威德奶奶一直对着三脚架喃喃自语、摇头晃脑，她一听到有人提到了数字，直接就联想到了钱数，接着就像一只拔光毛的可怕的老鹦鹉一样尖叫起来："十……十英镑票子！"斯摩尔威德爷爷立刻就把垫子向她扔去。

"真烦，住嘴！"老头子说道。

《荒凉山庄》，1852—1853年

"你就准备坐在那儿打呼噜一整天？"班布尔太太问道。

"我认为坐多长时间合适，我就准备在这儿坐多长时间，夫人。" 班布尔先生回答道，"虽然我刚才没有在打呼噜，但只要我愿意，我就可以打呼噜，打哈欠，打喷嚏，可以笑，或是哭，这是我的特权。"

"你的特权？" 班布尔夫人带着不可言喻的轻蔑，冷笑一声。

"夫人，我说过" 班布尔先生说道，"男人的特权就是发号施令。"

"天哪，你倒是说说？那女人的特权又是什么？"柯尼先生的遗孀柯尼夫人喊道。

"服从，夫人！" 班布尔先生吼道。

《雾都孤儿》，1837—1839年

拉姆尔夫妇在尚客林沙滩上散了一会儿步，但从脚印上可以看出来，他们散步的时候，既没有手挽手，也没有选择直走，可见他们心情并不是很好。在潮湿的沙滩上，拉姆尔夫人拿着阳伞，边走边扎出些小洞，而她的丈夫一边走一边拖着手杖，就像是恶魔拖着尾巴行走一样。

《我们共同的朋友》，1864—1865年

做出这个姿势后他立马陷入了深思，和夫人单独在房间里待了大概一刻钟的样子，夫人在长榻上喊他时，才打破了他的沉思。

"嗯？叫我吗？"莫多尔先生转向夫人问道，"怎么了？"

"怎么了？"莫多尔夫人重复了一下，"我看你一点都没把我的苦衷听进去。"

"你的苦衷？"莫多尔先生说，"夫人，我不知道你有什么苦衷，是什么样的苦衷？"

"都怨你。"莫多尔夫人说道。

"哦！怨我，"莫多尔先生说，"是什么——我怎么——我有什么好抱怨的，夫人？"

他想尽快脱身，心不在焉，并且在深思着什么，所以费了些工夫才问出了这句话。说完之后，他向鹦鹉伸出了食指，那

是一种微弱的尝试，意在说服自己是一家之主，而那只鹦鹉立即用喙啄了他一下，算是对他的一种回应。

"你刚才说……"莫多尔先生将那根被啄的手指放在嘴里说道，"你是抱怨我？"

"抱怨，要想把这其中的道理解释得更加清楚，我也只能再说一遍，"莫多尔夫人说道，"我还不如跟墙说呢，对鸟说也好，至少它还会叫一声呢！"

《小杜丽》，1855—1857年

然而，隔壁房间有人在说话，声音很大，板壁又薄，凯特（Kate）听到后，自然就明白那是曼塔里尼夫妇。

"如果你拼命争风吃醋，那就是无理取闹，不可理喻，"曼塔里尼先生说，"那样你心里就会很难受，难受得要死要活。"接着有一个响声，好像是曼塔里尼先生在啜饮咖啡。"我就是心里难受。"曼塔里尼夫人双唇一噘，答道。

"那你就是忘恩负义、一文不值、没良心的白眼狼。"曼塔里尼先生说。

"我不是！"夫人啜泣着答道。

"不要让它不高兴，"曼塔里尼先生说着，磕开一个蛋。"这可是张可爱迷人的小脸蛋，可别让它不高兴，那样就不好看了，那样的话，脸蛋就会像个调皮可憎的小鬼一样，变得易怒而抑郁了。"

"你说的我不同意，什么时候都不同意。"曼塔里尼夫人气呼呼地争辩道。"要是由着你，按你最喜欢的办，那你就会服了；要是你觉得原来那样更好，那你就不会服。"曼塔里尼先生反唇相讥，嘴里含着勺子。

"说着很容易。"曼塔里尼夫人说。

"一边要吃蛋一边说，就不会那么容易了。"曼塔里尼先生答道，"因为蛋黄会顺着背心往下流，除了黄背心，在其他颜色的背心上，蛋黄液都会很明显，真糟糕。"

"一整晚你都在与她调情。"曼塔里尼夫人说，显然她很想把谈话拉回正题。

"不，不，亲爱的。"

"你就是这样，"曼塔里尼夫人说，"我无时无刻不在盯着你。"

"老天保佑的那只一闪一闪的小眼睛，在一直盯着我！"曼塔里尼大声说，似乎慢半拍才高兴起来。"哦，真要命！"

"那我再说一次，"曼塔里尼夫人又说，"除了你自己的妻子以外，你不该与其他人跳舞，我宁愿服毒自尽，也不能忍受这个。"

"你不会服毒自尽，那太痛苦了，不是吗？"曼塔里尼说道，他的声音变了，好像挪动了椅子，一下子和妻子拉近了。"你不会服毒自尽的，因为你有一个好丈夫，他本能娶到两个女伯爵和一个贵妇人——"

"两个女伯爵，"曼塔里尼夫人插嘴说，"你之前跟我说的是一位。"

"两个！"曼塔里尼大声说，"两个非常好的女士，是真正的伯爵，豪门大族，真该死。"

"那你怎么没娶成？"曼塔里尼夫人问道。

"我怎么没有娶成？"曼塔里尼答道，"难道我没在某一天早上的音乐会看到全世界最可爱的小万人迷吗？而那个小万人迷现在是我的老婆，全英格兰的女伯爵和贵妇都不能是——"曼塔里尼先生话没说完，就很温柔地吻了他的夫人，她也回吻了过去，之后他们一边亲昵一边吃的早饭。

《尼古拉斯·尼可贝》，1838—1839年

"看，她是六个孩子的母亲，其中有三个活着，都上了舞台！"

"真了不起！"尼古拉斯赞叹道。

"嗯！确实很了不起，"克拉姆尔斯先生回答道，说着得意地吸了一口鼻烟，郑重其事地摇摇头，"我也是干这一行的，跟你说实话，直到上次她义演的时候，我竟然才知道她能跳舞，她那时饰演朱丽叶（Juliet）和海伦·麦克格雷戈（Helen Macgregor），幕间插演跳绳角笛舞。约翰逊（Johnson），我第一次看到这位令人钦佩的女士时，"克拉姆尔斯先生向尼古拉斯凑近了一点，很真诚地说，"她把脑袋顶在花枪的托上，周围是绚丽的火花。"

"你让我很惊讶！"尼古拉斯说。

"她让我很惊讶！"克拉姆尔斯先生回答道，面容十分严肃，"那么优雅，又那么高贵，从那时起我就仰慕她了。"

《尼古拉斯·尼可贝》，1838—1839年

堕落：监狱，政治和法律

狄更斯有监狱和律师事务所的切身感受，他亲历了父亲由于债务问题被关入马歇尔希负债者监狱，并且在二十岁左右，有一段时间还是埃利斯&布莱克摩尔律师事务所的职员，这些都为他后来描写监狱和法院提供了丰富的素材。狄更斯根本不认同这些机构的种种陋习（长期提倡监狱改革，拥护公正与人的尊严）。所以，他在小说中对法律和监狱制度大加批判，极尽讽刺这些事。

就在这满街泥泞、大雾弥漫之际，大法官坐在他那大法官厅内。

"坦格尔先生（Mr Tangle），你的辩论快结束了吧？"大法官说道，他刚才听过那位饱学之士的雄辩之后，不觉有些焦躁不安。

"不，阁下。还有很多疑点，我有义务把它提出来，阁下。"坦格尔先生缓缓答道。坦格尔先生比谁都清楚贾迪斯和贾迪斯案。他就是因为这个案子出的名，自从他离开学校之后，他就不看其他的书了，专门研究这个案子。

"我想，还有几个律师需要发言吧？"大法官微笑着说。这里有十八个坦格尔先生的博学的朋友，每一个都带着一千八百页简短的概要，就像是钢琴的十八个琴槌一样猛然站起，齐刷刷地鞠了十八个躬，接着又齐刷刷地坐回原来昏暗的角落。

"我们在两周之后的星期三继续进行审问。"大法官说。因为争的只是诉讼费，对本案来说那只不过是大树上的一棵嫩芽，迟早会在诉讼期内解决的。

《荒凉山庄》，1852—1853年

❦

"拖拉衙门"是最重要的政府部门，这一点众人皆知。如果"拖拉衙门"不同意，任何公事在任何时候都办不成。这个部门手伸得很长，事无巨细都要插手介入。无论是办一件正事，还是办一件错事，如果没有"拖拉衙门"的授意，同样什么事情都办不成。

假如再有一次"火药阴谋"，且在划着火柴之前半小时被发现，谁也没有正当理由来拯救议会。这件事如果发生，先要组成一个超过半数的委员会，再整理出半蒲式耳的会议记录，还有几麻袋的官方备忘录，接着还要处理可以装满整个家庭地窖那么多的不合文理的书信，这些都是"拖拉衙门"的工作……无论什么事情需要办理，"拖拉衙门"比政府其他部门更懂得办事的艺术，那就是领悟到了如何不了了之。

《小杜丽》，1855—1857年

❦

那就像……蔓菁一样真实，就像税金一样真实……没有什么比那更真实的了。

《大卫·科波菲尔》1849—1850年

"我们的议员已经匆匆赶来，"房东答道，"没有人做事是毫无目的的，这些下议院议员会让我们的董事满意的，因为他们能把绅士的利益讨回来。"

"那是什么利益？"马丁问道。

"什么，难道你不知道？"房东答道。很明显房东是不知道的，他们总是在选举的时候才告诉房东哪方是绅士的一方，然后他就立马穿上他的长筒靴为那一方投票。

《马丁·朱述尔维特》，1843—1844年

"闭上嘴！"狱卒大喊道。

"什么情况？"一个法官问道。

"一个扒窃案，阁下。"

"这个男孩有前科吗？"

"他应该来过好多次。"狱卒回答,"他在其他地方表现很好,我很了解他,阁下。"

"哦!你知道我,不是吗?"机灵鬼大声说着,抓住这句话不放,"很好。总之,这就是在诽谤。"

《雾都孤儿》,1837—1839年

这位成熟的年轻绅士是有产业的人,他把他的财产进行投资。他走进伦敦商业区,看着有些外行,又有些趾高气扬,接着又参加董事们的会议,也经营股票的交易。正如他们那一代人中的聪明人所熟悉的那样,股票交易是世界上唯一值得去做的事情。不必有显赫的家世,也不必有刚强的性格,更不必有教养、思想和品格,手里有股票就行,有了足够的股票,就能成为董事会的一员,就能在伦敦、巴黎两地往来穿梭,办些神秘的事务,也就能让人成就一番伟大的事业。

他来自何方?股票。他去往何处?股票。什么能让他跻身议会?股票。他本人也许从来没有取得任何成就,没有创造出什么,也没有做出什么事情。但只要一个答案就够了,那就是股票。哦，万能的股票啊！

《我们共同的朋友》，1864—1865年

❦

"国王故能统治一切，但控制不了他们的情绪。"这是匹克威克先生在《布拉都德王子传奇》中读到的。

《匹克威克外传》，1836—1837年

❦

哦，天哪。你从来没有在周一时到医院陪我吃过一顿晚饭！那里有一些人，都是都市贵族，他们说出来的话，宣泄出来的情绪，哪怕是不太聪明的清洁工都会为他们感到脸红。他们个个膘肥体壮，淌着口水，挺着啤酒肚，显然是吃得很撑，又极其易怒，喷着鼻息像是牛一样。只要他们高兴，就能听到他们猛然站起来的声音！我从来没有见过这样显示金钱的力量，一想到这些行为，我就会觉得有失身份、颜面不存。

查尔斯·狄更斯写给道格拉斯·杰罗德的信，1842年

"但你又没告诉我,"维尼林(Veneering)说,"我进入了下议院,你怎么看?"

"我认为,"特威姆罗(Twemlow)充满感情地回答道,"那是伦敦最好的俱乐部。"

《我们共同的朋友》,1864—1865年

"永远要史伦基(Slumkey)!"诚实而独立的人们呼喊着。

"永远要史伦基!"匹克威克先生摘掉帽子应和道。

"不要非兹金(Fizkin)!"众人喊道。

"当然不要!"匹克威克先生喊。

"万岁!"接着又来了一阵呼喊声,就像是敲过吃冷肉的钟之后整个动物园发出的声响。

"谁是史伦基?"塔普曼先生(Mr Tupman)小声说。

"我也不知道。"匹克威克先生回答道。

"嘘，别问那么多。这时候，按大家伙儿的做准没错。"

"那假如有两拨人呢？"史拿格拉斯先生（Mr Snodgrass）提出异议。

"哪拨人多跟哪拨人喊。"匹克威克先生答道。

这句话胜过万卷书。

《匹克威克外传》，1836—1837年

"那艘船出海的时候，如果有人有什么三长两短，"甘泼先生意味深长地说，"那就是谋杀，我可以给受害人做证。"

《马丁·朱述尔维特》，1843—1844年

美国人听不得一点坏话

1842年1月，查尔斯·狄更斯携妻离开英格兰去美国旅行。这次美国之行异常顺利，狄更斯受到了所有人的热情款待，见到了亨利·沃兹沃斯·朗费罗（Henry Wadsworth Longfellow）和华盛顿·欧文（Washington Irving），参加了各种各样的宴会和舞会，发表了一系列个人演说，并拜会了当时的美国总统约翰·泰勒（John Tyler）。"我在这里受到了大家的热烈欢迎，真是难以言表，"狄更斯在给密友托马斯·米顿（Thomas Mitton）的信中写道，"世界上任何一位国王或君主都不曾受到民众如此的爱戴和追捧，也不曾公开享受到如此盛大的舞会和晚宴。"

但狄更斯并没有沉迷于吃喝玩乐，他参观了精神病院、监狱、救济院、孤儿院等，甚至参观了一家为盲人服务的机构。这一趟没有让他失望，他发现这里的社会福利体系比英国更加先进，然而，即便在美国这个新世界里，一切也并不都是那么的光鲜亮丽，实际上，这里也有很多阴暗面。狄更斯认为，其中一条就是英国作家正被美国的版权法卷走一大笔钱，这一说法立刻激起了美国媒体的强烈反对。"在这方面，碰巧我们不需要什么意见，"《哈特福德时报》（*Hartford Times*）这样写道，"狄更斯先生以后最好不要再提及此事。"

在狄更斯旅美期间，这样的口仗轮番上演，为整个行程增色不少，以至于玛丽·雪莱（Mary Shelley）在给好友的信中写道："狄更斯回国时，对美国人已经是深恶痛绝，打算在下一部作品中还以'颜色'，说美国人非常不诚实。"《美国札记》（*American Notes*）就是他的下一部作品，而《马丁·朱述尔维特》也在此之后很快被推出，这两部作品都对美国进行了猛烈地抨击。

虽然如此，这次旅行带给狄更斯的主要是一种身心愉悦的体验，正如他给约翰·福斯特（John Forster）评论的那样："哦！从手头的素材中，我能发掘出幽默的精髓并将其升华！"下面的选段列举了一些狄更斯对幽默更加细致的观察。

我相信，这世界上没有一个国家像该国一样，对这样能够各抒己见的话题，给予这么少的言论自由……这里！我夹杂着悲伤与失望，不情愿地写下了这些话，但我从心底里相信它……一个激进的人来到这里，我为他感到惶恐不安，除非他是个有原则、有理性、能够反求诸己、明辨是非的人。但凡不是这样的激进分子，来到这里就会变成一个保守派……我真害怕这个国家会对自由发起全力一击，然后以失败告终。

查尔斯·狄更斯写给约翰·福斯特的信，1842年

"美国人说做事聪明，指的是伪造文书吗？"马丁问道。

"哦！"上校说道，"我倒相信，你们用很多其他的名字称呼美国人说的这些事情，但你们欧洲人不会帮助自己，我们会。"

"往往还真这么干呢！"马丁心里说。

《马丁·朱述尔维特》，1843—1844年

在法庭上，法官有自己的痰盂，辩护律师、目击证人、犯人、传唤人也都有他们自己的痰盂。陪审团要适应三个人共用一个痰盂的情况……在纽约的晚宴上，我两次看到当绅士们趁着不聊天的时候，他们就扭过脸，把痰吐在客厅的地毯上。并且，在每个酒吧间里，每条酒店过道上，石地板的地面看起来就像是被铺上了一层开口的牡蛎，黏黏糊糊到处都是。

查尔斯·狄更斯在美国的观察，1842年

你绝对设想不出整晚都有人在清嗓和吐痰。今天早上，老实说，我不得不把毛皮大衣放在甲板上，然后用手绢擦去半干的好像唾液一样的东西，唯一令人惊讶的是我竟然觉得这样做很有必要。

查尔斯·狄更斯写给约翰·福斯特的信，1842年

❦

没有国家像美国那样有这么多无聊至极的人。

查尔斯·狄更斯的观察，1842年

❦

这里的新闻机构比我知道的任何国家都更加卑鄙无耻、愚昧无知、不明事理……我提到班克罗福特（Bancroft），他们就劝告我对这个话题不要发表评论，因为他是个"害群之马——民主党人"。我又提到布莱恩特（Bryant），然后他们以同样的原因恳求我发言要谨慎。我提到国际版权，仍有人请求我别毁了自己。我提到马蒂诺小姐（Miss Martineau），所有美国政党人士，包括支持奴隶制的人、废除奴隶制的人、辉格党人、泰勒辉格党人还有民主党人都对她口诛笔伐、恶语相加。

"但她干了什么？她真的是把美国捧上了天！"

"是啊，她表扬过我们，但是她也说了我们的一些缺点，我们美国人不允许别人挑我们的刺。"

查尔斯·狄更斯写给威廉·查尔斯·麦克雷迪

（William Charles Macready）的信，1842年

　　我真觉得我一直在忍受着极度的无聊，脸上悲伤的表情已经凝固了……我下巴那有一条线（在下嘴唇右侧），这是和新英格兰人打交道时印在脸上的……一个酒窝已经从脸颊上消失，好像被一名明智的立法者给抢走了。

查尔斯·狄更斯的访美之旅，1842年

　　我认为安妮（Anne）（凯特的女佣）连美国的树都没看过。她对尼亚加拉大瀑布很不屑，"那里只有水，水多得过头了。"

查尔斯·狄更斯对妻子的女佣安妮的观察，1842年

　　他们的（美国人的）态度总是易怒而又忧郁，滑稽而又冷淡。我想这世界上没有任何一种人，会如此不善于幽默，缺乏活力，更没有感受快乐的能力。

查尔斯·狄更斯的观察，1842年

❦

现在在车厢里，我们的头猛地一下子都点到了地，接着又噌地一下顶到了天……天还是那么美，空气也还是那么新鲜，我们终于安静了，没有人再抽烟吐痰，也没有人再喋喋不休地谈论金钱和政治（他们只谈论这两个话题，或者说他们就会说这些），让我们感到厌烦。

查尔斯·狄更斯的观察，1842年

❦

人们广泛讨论政治，也讨论银行与棉花。喜欢安静的人对总统问题都避而不谈……这种制度的一大构成特点就是上一轮选举的争论刚一结束，下一轮的争吵就开始了。

《美国札记》，1842年

❦

在我去过的所有地方里，美国人对个人卫生毫不关心，这样的风俗让人难以接受。并且，我很倾向于相信大量疾病的出现皆与此有关。

《美国札记》，1842年

……消化不良的女士和先生们……早饭和晚饭都吃大量的热玉米面面包（这种东西消化起来就像消化针垫一样），那些不这样吃而每次只取一样食物的人，通常嘴里含着刀叉，苦思冥想，想好吃什么以后，再把刀叉从嘴里拿出来，放到盘子里，然后把想吃的东西放入盘中，又开始吃起来。吃晚饭的时候，桌子上没什么喝的，只有一大壶凉水。他们吃饭的时候互相并不说话，三餐都是如此。所有旅客都非常沉闷沮丧，好像都有重重的心事，千斤一样压在心头。他们不交谈，也不说笑，彼此也没有交往的兴致和想法，唯一的公共活动就是吐痰，而吐痰则是吃过饭之后，大家都缄口不言，围炉而坐时才做的事情。

《美国札记》，1842年

英国人的友好与美国人非常不一样。人们牵着马、套着车供你使用，但他们不会总在你面前索要钱财，或者额外加价。

查尔斯·狄更斯的观察，1842年

比尔："在美国，所有人都是一副模样，不是吗？无论是一个家有千金的人，还是一无所有的人，在这里他们没什么差别。特别是在纽约，有人告诉我这是内德（Ned）登陆的地方。"

"纽约，是吗？"马丁若有所思地问道。

"是的，"比尔说，"纽约，新约克郡，我知道，因为这个名字总让人想起家乡的约克郡，好像在眼前似的，因为这两个地方各个方面都截然不同。"

《马丁·朱述尔维特》，1843—1844年

一看莎翁戏剧就生病：书籍和剧场

毋庸置疑，作为一个小说家，狄更斯能够从任何特定题材中发掘出或多或少的幽默。无论何处，他都能发现有趣的事情，他的几个好朋友都说，他对幽默的观察不仅仅体现在小说里。有一些关于狄更斯的叙述，说他在晚宴上放声大笑，戏弄朋友，讲幽默故事，说笑话，而当心情不好时，他也会冷嘲热讽。有一次，乔治·亨利·路易斯（George Henry Lewes）（哲学家、评论家、科学家，也是乔治·艾略特的伴侣）写了一系列名为"文学中的成功"的文章，狄更斯回应说，"文学中的成功？乔治·刘易斯到底对文学的成功知道些什么？"

然而，当我们很想体验狄更斯喜剧天分的时候，我们就得把视线转向他的小说。其中，最能体现其天分的是，他一直在调侃自己的作品，也取笑或崇拜或诋毁其作品的男男女女，其喜剧天分在其中表现得淋漓尽致……

诗是没有价值的，没有人谈论过诗，只有教区执事在节礼日念诗，你可千万别让自己堕落到谈论诗，我的孩子。

维勒先生，《匹克威克外传》，1836—1837年

于是，船长手脚麻利地把书扛在肩上，离开了——他认为在星期天不读别的，只读这些大部头的书，是一种责任，因为这些书的封面更为庄重：多年以前，他在一个书摊讨价还价，买来一本极厚的书，书里面任意五行字都让他不知所云，因此他现在还不知道书里面到底写了什么主题。

《董贝父子》，1846—1848年

✿

她特别喜爱诗，先生。她崇拜诗，我也许该说，她见了诗就沉醉其中，神魂颠倒。她自己也作过几首令人喜爱的小诗，先生。你也许见过她的《将逝之蛙》（*Ode to an Expiring Frog*）吧，先生。

里奥·亨特尔（Leo Hunter），《匹克威克外传》，

1836—1837年

✿

蜷缩在台尔森银行各式暗淡的大柜小箱中，那些最年老的人认真地工作着。当他们把一个年轻人收进台尔森伦敦的办公室时，就找个地方把他藏起来，一直到老。他们把他像块奶酪似的放在暗处，直到他浑身都是台尔森的味道，发霉变绿为止。只有在这时，他才能获准翻看那些大部头的账本，才能换上短裤、扎上绑腿为公司担当大任。

《双城记》，1859年

……就像救济院的孩子在学完字母之后所说的，是不是值得下那么大功夫学那些字母，这需要由个人兴趣决定。

维勒先生，《匹克威克外传》，1836—1837年

A.D.不是公元后的意思，而指的是董贝父子。

《董贝父子》，1846—1848年

现在是下午四点钟——那是平常百姓看表看太阳得出的时间——维蒂特利夫人像往常一样靠在客厅的沙发上，听凯特大声朗读一部三卷本的新小说，名为《芙拉贝拉夫人》（*The Lady Flabella*），那是有名无实的阿尔方斯（Alphonse）那天早上在书房里找来的。这本书对于照顾像维蒂特利夫人这样的人来说再合适不过了，因为书中从头到尾没有一行能为活着的人点燃一丝激情。

《尼古拉斯·尼可贝》，1838—1839年

莎士比亚的诗里有很多韵脚，但他的戏里没有什么值得一提的大腿啊，是吧，皮普？朱丽叶、苔丝狄蒙娜（Desdemona）、麦克白夫人（Lady Macbeth）等这些人，别管他们叫什么名字，就好像根本没有腿一样，就算有，观众也不知道啊，皮普……戏剧的正当目的是什么啊？皮普？人性。那什么是大腿啊？也是人性。那咱们就多加一点大腿戏吧，皮普……

皮普先生引用子爵的一段话，《马丁·朱述尔维特》，

1843—1844年

巴扎德先生（Mr. Bazzard）的父亲是个农民，脾气暴躁，手边常放着连枷、草耙等可以用来打人的农具，只要一得知他儿子在写剧本，就抄起这些家伙要教训他。

格鲁吉斯先生（Mr Grewgious），

《艾德温·德鲁德之谜》，1870年

❀

看了沙翁的戏，我总是生病。

　　维蒂特利太太，《尼古拉斯·尼可贝》，1838—1839年

❀

一个文人，戴着假肢腿，总是容易嫉妒。

　　博芬先生，《我们共同的朋友》，1864—1865年

❀

　　"好吧，先生，"塔普利先生回答道，"别等您开骂，我遵命……照办。大家都不希望把人的兴致一扫而空。可动词是个表示存在、动作或者遭遇的词（我就学过这些语法知识，不过这也足够了），而且，这有个活着的动词，那就是我。因为我总是存在着，有时做些事情，一直在遭罪。"

　　《马丁·朱述尔维特》，1843—1844年

✿

一个会读书的人和一个不会读书的人，看着书的时候是不一样的，即便只是书架上没有打开的书。

《我们共同的朋友》，1864—1865年

✿

……有些书到目前为止只有封面和书背是最好的部分。

布朗罗先生（Mr Brownlow），《雾都孤儿》，1837—1839年

✿

跟特温克尔顿小姐（Miss Twinkleton）一起做针线、聊天，她有点厌倦了，于是提议一边做针线一边读书，特温克尔顿小姐欣然同意了，因为她的朗读有口皆碑。但罗莎（Rosa）不久就发现，特温克尔顿小姐并没有忠实原作，她跳过了描写爱情的章节，插进了些赞美女子单身的段落，还篡改原文，杜撰了很多冠冕堂皇的话。

《艾德温·德鲁德之谜》，1870年

先生，再给点儿吧

　　在狄更斯生活的年代，一半人饥肠辘辘，就是靠稀粥这样的"美味"果腹。因此，在他的很多小说中，用食物作为凸显社会不公的一种手段也就不足为奇了。在《雾都孤儿》中，奥利弗"想再要些"的那个场景已融入集体意识之中，但在狄更斯的小说里，还有其他几个悲喜交集的场景也涉及了食物这一元素，例如，在《大卫·科波菲尔》一书中，那个天真的小男孩就被一个非常无耻的侍者骗走了一顿饭。

　　"求你了，先生，"奥利弗回答道，"我想再要一些。"

大师傅拿起饭勺，朝着奥利弗的头上就是一下，接着一把用双臂夹住他，尖声喊叫着，欲把执事唤来。

理事们坐在一起正在商谈要事，班布尔先生兴冲冲闯进房间，情绪十分激动，对坐在高椅子的绅士说道："利姆金斯先生（Mr Limbkins），请您原谅，先生，奥利弗·特维斯特还要！"

全场一片寂静，恐惧刻画在每个人的脸上。

"还要！"利姆金斯先生说，"冷静一下，班布尔，回答清楚。你说的是他吃了按标准配发的晚饭之后还想要，对吗？"

"是的，先生。"班布尔答道。

"那孩子准会被绞死，"穿白背心的绅士说道，"我认定那孩子将来会被绞死。"

《雾都孤儿》，1837—1839年

佩克斯列夫先生匆匆出去，甘泼先生紧随其后，看到他从碗橱里拿了玻璃酒瓶和酒杯，情绪也缓和了很多。

《马丁·朱述尔维特》，1843—1844年

❧

"告诉甘泼夫人请她来楼上，"默德说，"现在，甘泼夫
人，要给我们带什么新闻啊？"

说着，这位夫人已经在门口了，正向默德夫人行礼。就在
这时，一阵微风吹来了一股特别的香气，像是一位过路的仙人
打了个嗝，并且到这之前还去过酒窖似的。

《马丁·朱述尔维特》，1843—1844年

❧

"这不是发疯，夫人，" 班布尔先生沉思了一会儿，回答
道，"这是肉。"

"什么？"苏尔伯雷夫人（Mrs Sowerberry）呼喊道。

"肉，夫人，是肉。" 班布尔斩钉截铁地强调着。

"你们把他喂得太饱了……夫人，如果你们继续让他喝稀
粥，这件事就不会发生。"

"天哪，天哪！"苏尔伯雷太太突然激动地喊了起来，一
双眼睛虔诚地盯着厨房的天花板，"好心没好报啊！"

《雾都孤儿》，1837—1839年

先生，再给点儿吧

❦

舌头，不长在妇人嘴里，就是极好的事情。

维勒先生，《匹克威克外传》，1836—1837年

❦

"给你准备了半品脱麦芽酒，你现在要喝吗？"

我向他道谢道："是的。"于是，他把壶里的酒倒进一个大号的平底玻璃杯里，然后对着光举起酒杯，酒液在光的映衬下闪闪发亮，十分炫丽。

"天哪！"他说，"好像很多呢，不是吗？"

"看起来确实不少，"我微笑着回答。看他心情不错，我也十分高兴。他目光炯炯，长着一脸麻子，头发竖立着。他站在那里一手叉在腰间，另一只手举着酒杯对着亮光，看上去很友好。

"昨天，这里有位绅士，"他说"他身材矮胖，名叫托普索耶（Topsawyer），可能你认识？""不，"我说，"我认为不……"

"穿着马裤，绑着腿，戴一顶宽边帽，灰色大衣，系着斑点围脖。"侍者说。

"不认识，"我不好意思地说，"我还没有荣幸见到他——"

"他走进这里，"侍者看了看从酒杯中透过的光说，"也点了一杯这样的麦芽酒，我劝他别点，但他还是点了，接着一饮而尽，然后就倒在地上死了。这种酒年份太长，本不该拿上来的，就是这样。"

听到这个令人悲伤的事故，我非常震惊，便说道我想我还是喝点水比较好。

"嗨，你看，"侍者眯着一只眼盯着从酒杯中透过的光说，"我们这儿的人不喜欢点了的东西被剩下来，这会得罪他们。但如果你喜欢，我会把它喝掉，我已经习惯了，也就没什么了。即便抬起头一口喝干，我感觉也没什么大碍，我喝吗？"

我回答说，如果他感觉没什么事就可以喝，我会很感激他的，但如果他感觉有问题，就千万不要喝。当我看到他仰起头很快把酒一饮而尽的时候，我承认我挺害怕的，我怕他步可怜的托普索耶先生的后尘，喝了也躺在毯子上断了气。但那杯酒对他并没有什么伤害，相反，他看起来好像更精神了。

"我们这儿有什么吃的？"他说着，把叉子插到我的菜里，"不是排骨吧？"

"是排骨。"我说。

"上帝保佑！"他喊道，"我不知道这是排骨。天哪，排骨正可以解那杯啤酒中的毒！这不是运气吗？"

于是，他一手拿起一块排骨，另一只手拿起一个土豆，大口大口地全吃了，这让我非常高兴。他又拿起一块排骨，又拿起一个土豆，然后又是一块排骨一个土豆。我们吃完以后，他给我拿来一个布丁，放在我面前，而他好像在想着什么，时不时走神。

"派怎么样？"他打起精神问道。

"这是布丁。"我答道。

"布丁？"他喊道，"哦，天哪！"凑近看了看。"难道你的意思是，这是个蛋奶布丁？"

"是的，确实如此。"

"哇噢，一个蛋奶布丁，"他拿起一把大勺说，"是我最喜欢的布丁！这不是运气吗？来，小伙计，看谁吃得最多。"

当然侍者吃得最多。他不止一次地恳求我加入比赛，但以他的汤匙对我的茶匙，以他的大口对我的小口，以他的饭量对我的饭量，从第一口我就被甩在后面了，后面就再也没有机会追上他。我从来没见过这么喜欢吃布丁的人，布丁吃完后，他笑了起来，好像还在细细品味布丁的余香。

当有人把我从马车后面扶上去的时候，我发现人们以为是我一个人吃光了所有的晚饭，这让我有些难堪。我知道这一点是因为我听到那位女士在弓形窗内对看车的人说："乔治（George），好好照看那个小伙子，否则他肚子会爆的！"我还看到周围那些女佣们都出来看我，还对着我笑，好像我是个小怪物一样。而我那不幸的朋友，那个侍者，已经完全振作了起来，看上去没有受到一点影响，反而跟着大家一起大惊小怪，一点都不觉得难为情。如果说我对他有什么怀疑的话，我想一半是因为这，但我更愿意相信，出于对孩子的单纯信任和孩子依赖长辈的天性（任何孩子的这种天性过早地被社会世故所取代，我都会感到非常惋惜），我基本上并不怎么怀疑他，以后也不会。

《大卫·科波菲尔》，1849—1850年

爸、泼、波、不伦、不类——胡说八道

在狄更斯的小说中有很多幽默桥段，在这里不能一一列出，所以下面我们精选了一些片段。

可怕的地方——危险的工作——有一天——五个孩子——母亲——高个女人，吃着三明治——忘了拱门——咔嚓——砰一声——孩子们回头一看——母亲的头没了——三明治还在手中握着——可没有嘴来塞了——一个家庭主妇的头没了——太可怕了，太可怕了！

《匹克威克外传》，1836—1837年

　　"现在，你知道吗？"佩克斯列夫双手交叉，一脸沉思的样子，接着饶有兴趣地看着他这位年轻的亲戚说，"我倒想看看你心目中的牛棚是什么样的？"

　　但马丁听了这个建议，好像很不以为然。

　　"画台抽水机，"佩克斯列夫先生说，"这让人觉得非常朴实无华。我还发现了，画路灯杆正好能让人陶冶情操，还颇有些古风。画座装饰华美的关卡，对激发人的想象效果显著。先画那个关卡，你说怎么样？"

　　　　　　　　《马丁·朱述尔维特》，1843—1844年

　　"我肯定记得，前天的报纸上写了一件事，是从一家法国报纸上摘下来的，是关于一个娴熟的鞋匠的故事。他对一个邻村的小姑娘由爱生妒，因为她不愿被关在三楼的密闭房间里，用炭点火与他同归于尽。于是，他带了一把尖刀藏在树林里，当她和一些朋友路过的时候，突然冲出，先自杀，然后杀了她

所有的朋友，接着是她——不对，先是她所有的朋友，然后是那个女孩，接着是他自己——不知怎么的，这件事想想都让人后背发凉。"尼可贝夫人顿了一下接着说，"报上说在法国做这些事情的人总是熟练的鞋匠。我不明白此中因果——我猜是那皮子里有什么猫腻吧。"

尼古拉斯·尼可贝夫人，《尼古拉斯·尼可贝》，1838—1839年

一些事情会因此而发生，我希望不是人血！

西蒙·台波提，《巴纳比·拉奇》，1841年，关于磨刀石

……再来一杯酒，抱歉我又来提醒你了：在社交场合里，整体来说，干杯不用那么严肃认真，可以把酒杯碰在鼻子上来个底朝天。

赫伯特·潘凯特（Herbert Pocket），《远大前程》，1860—1861年

当你和一个人在凌晨两点挥手告别时，你们的关系还极好，而他在九点半再次遇见你的时候，却对你恶意相向，最后推断出这里面一定出了什么岔子，这并不是毫无道理的。

《匹克威克外传》，1836—1837年

肖像画只有两种风格：庄重和假笑。

拉·格利维小姐（Miss La Greevy），

《尼古拉斯·尼可贝》，1838—1839年

多西博伊斯堂

星期四早晨

先生，我爸让我给您写封信。医生也拿不准，他那两条腿能不能恢复。

我们现在的心情实在没办法说，我爸现在全身"挂彩"，青一

块紫一块的，流的血染红了两条长凳。我们不得不把他抬进厨房，现在他就在那儿躺着。您从这一点可以断定他被人家搞垮了。

您推荐您的侄子当助教的时候，他就这样对待我爸，用双脚踩在他的身体上，其他骂人的话我就不细写了，免得脏了我的笔，他还十分凶狠地打了我妈，把她往地上撞，她后脑勺上的梳子都被撞进头皮里好几寸深，再深一点就扎进头骨里了。我们有一份医生证明，上面说要是真扎进头骨里，那只玳瑁梳子就能让脑子感染发炎……

此致

敬礼

范尼·斯奎尔斯

附言：我可怜他的无知，并看不起他。

《尼古拉斯·尼可贝》，1838—1839年

爸、泼、波、不伦、不类，这些都是练习嘴型很好的词，特别是不伦、不类。

将军夫人，《小杜丽》，1855—1857年

英国法律的一项伟大原则就是：为业务而开展业务。

《荒凉山庄》，1852—1853年

"事情已经结束了，无法挽回。"在土耳其，每逢他们把含冤之人的头砍下时，总是如是说道，聊以自慰。

山姆·维勒，《匹克威克外传》，1836—1837年

除了亲戚，别人没有给我留下过任何东西。

狄更斯在兄弟阿尔弗雷德去世之后的日记

（狄更斯被要求照顾他的家属）

……博芬夫妇坐着，双眼盯着半空，而维尔弗夫人也坐在那儿，闷不作声，这样他们就能明白，她的每次呼吸都需要一

种自我克制，每次呼吸在历史上都绝无仅有……

《我们共同的朋友》，1864—1865年

啊！你应该养些狗——多好的动物——聪明机警——我从前有条狗——细毛猎狗——有天去打猎——进围场的时候——我吹个口哨——狗停住了——又吹一声——还是没动——呆若木鸡——我喊它——庞托（Ponto），庞托——纹丝不动——就像钉在地上一样——眼睛盯着一块牌子——我抬了抬头，发现有块告示牌写着——"猎场看守奉命，凡发现有狗闯入围场，一概射杀不留"——幸好没有进去——多棒的狗啊——多可贵的狗啊——真是了不得！

《匹克威克外传》，1836—1837年

这里有条经商法则：欺骗他人，因为他们也欺骗你。这是真正的经商之道。其他那些都是虚谈。

乔纳斯·朱述尔维特，《马丁·朱述尔维特》，1843—1844年

❦

"毫无疑问，"尼可贝夫人说，"他是一位绅士，有着绅士的风度、绅士的派头，虽然他穿着紧身齐腰裤和灰色精纺长袜。那或许是怪癖，也许是他对自己的腿十分满意。我不明白他为什么这样做。摄政王也曾经以自己的腿而感到骄傲，还有丹尼尔·兰伯特，也以此为荣，而且他还是个胖子；碧芬小姐（Miss Biffin）也是如此，她是——不，"尼可贝夫人改口又说道，"我想她只有脚指头能拿来炫耀，但道理是一样的。"

《尼古拉斯·尼可贝》，1838—1839年

❦

"这匹马驹在马戏团参加了很多场演出了，"克拉姆尔斯先生说着，用马鞭轻巧地拂着它的眼皮，因为他们是老相识了。"它真的和我们算得上是一家人了，它母亲就上过台。"

"果真如此？"尼古拉斯接着说。

"在马戏团，它表演吃苹果派至少有十四个年头了，"团长说，"还会手枪射击，也表演戴着睡帽睡觉，总之，都是些

滑稽戏。它父亲是个舞蹈演员。"

"它那时候很出名吗？"

"不算太出名，"团长说，"它还是个小马驹的时候，定位就不高。实际上，它原来是按天出台的，而它的老毛病总改不掉。它情景剧演得不错，但就是太野了——太野了。母马死后，它就只能演葡萄酒的戏了。"

"葡萄酒的戏！"尼古拉斯大声喊道。

"和小丑一起喝葡萄酒，"团长说，"但它太贪了，有天夜里，它咬断了高脚杯的杯身，然后它自己呛着了，结果是它的粗鲁把它自己给害死了。"

《尼古拉斯·尼可贝》，1838—1839年

……甘泼夫人揪住他的上衣领，在椅子上用力把他前后摇晃了一二十回，这种练习，是普利格护理学校的信徒们（在职业妇女之间，不乏其人）认为最能让人平心静气，最能对神经功能有帮助的。这次的效果，是把病人弄得头晕眼花，七颠八倒，再也说不出一句话来。甘泼夫人把这当作她疗养艺术的成功。

"看！"她说着，解开了老人的围脖，受过这种科学疗法之后，老人的脸色黑得发青。

"现在，我希望，你就放心吧。要是你感觉头有点发晕，我们能马上让你精神焕发，先生，我保证，只要咬一咬一个人的大拇指，或是掰一掰他的手指头，"甘泼夫人满脸笑着说，因为她感到这能为她的听众带来乐趣，并能让他们受到教益，"就能让他再清醒过来，这比什么都管用，上帝保佑你！"

《马丁·朱述尔维特》，1843—1844年

当你的家庭想摆脱你的时候，冒犯家人就变得最容易。

《我们共同的朋友》，1864—1865年

"阁下，出租马车实在让人不快，不管什么时候，走路都比它强，因为虽然我相信，如果马车上的窗户碎了，车夫可能会被终生流放，但他们满不在乎，不考虑后果，以致几乎每辆马车都有破窗户。有一次，阁下，我的脸肿了六个礼拜，就

是因为坐了一辆出租马车，我想那就是一辆出租马车，"尼可贝夫人回想起来，说，"尽管我不太确定那是不是一辆双轮马车；反正，我知道那车是深绿色的，车牌号很长，开头是0，结尾是9——不对，开头是9，结尾是0，没错。如果问问印花税务局的人，他们会马上说出那是一辆四轮马车还是一辆双轮马车——不管怎样，那辆车有一扇车窗破了，我的脸也肿了六个礼拜……"

《尼古拉斯·尼可贝》，1838—1839年

……但是他的慈善活动充满火药味，与恶意的行动难以区分。

《艾德温·德鲁德之谜》，1870年

"……凯特，你的祖母，也完全是这样——真的。哪怕是一点点激动，一点点惊喜，她都会马上晕倒。我经常听她说，在她年轻的时候，那时还没结婚，有一天，她走到牛津街，正

好和她的理发师撞上，他看起来像是在躲着一只狗熊——仅仅就是这样的突然相遇就让她马上昏倒。哦，等等，"尼可贝比夫人停住想了一下，说，"让我想想我说得对不对。是理发师在躲避一只狗熊，还是一只狗熊在躲避那位理发师？我跟你说，我现在记不得了，但我知道那位理发师十分英俊，很有绅士风度；哦，说到这儿有些跑题了。"

《尼古拉斯·尼可贝》，1838—1839年

巴纳克尔家族还有三个年轻的小伙子，来自三个其他的政府部门，他们的五感六觉已变得索然无味，太需要增加些乐趣了，他们光临结婚仪式，就像他们在"光临"尼罗河、古罗马……或是耶路撒冷一样。

《小杜丽》，1855—1857年

雷金纳德·维尔弗（Reginald Wilfer）是一个远近闻名的名字，初闻此名，会让人想到乡村教堂的铜管乐器，想到彩色玻

璃窗上的涡卷形花字，抑或让人联想到跟着征服者一道跨海而来的德·维尔弗们。因为没有一个"德"字辈的人曾经跟随其他人跨海而来，这一点在宗谱上是不争的事实。

《我们共同的朋友》，1864—1865年

人性中没有什么激情能比得上在商业人士中赚取额外利润。

道奇斯夫人，《马丁·朱述尔维特》，1843—1844年

"死了！"赶车的拿腔拿调地答道，好像看不起人一样。

"不是他。内德这人才不会让你发现他死得这么容易。绝不是，绝不是，他不至于糊涂到那个份儿上。"

比尔·西蒙斯（Bill Simons），《马丁·朱述尔维特》，

1843—1844年

查尔斯·狄更斯生平大事年表

1812年　　　　　2月7日出生在朴次茅斯，八个孩子中排行老二，是皇
　　　　　　　　家海军军需处职员约翰和伊丽莎白之子。

1817年　　　　　随家人搬到了查塔姆，并在那里度过了童年中最幸福
　　　　　　　　的时光，直到1821年被送进威廉姆·贾尔斯学校上
　　　　　　　　学。

1823—1824年　　开始在一家黑鞋油作坊干活，以支付父亲日益增长的
　　　　　　　　债务，这对于狄更斯来讲是一段耻辱的经历，这段悲
　　　　　　　　惨的经历很大程度上为《大卫·科波菲尔》的创作提

供了灵感。狄更斯的父亲约翰在马歇尔希负债者监狱关了三个月，释放之后，立刻让狄更斯辞工，把他重新送回了学校，这一次是惠灵顿寄宿学校。

1827年　　　狄更斯的父亲约翰·狄更斯再次负债，狄更斯也再次辍学，这次他去了律师事务所工作，一年后辞职成了一名自由撰稿记者。

1828—1835年　在《纪事晨报》（*Morning Chronicle*）工作，记录报告下议院辩论情况，其间所见所闻为他的作品如《尼古拉斯·尼可贝》和《荒凉山庄》提供了素材。同时狄更斯还为《每月杂志》（*Monthly Magazine*）（1833—1835年）和《纪事晚报》（*Evening Chronicle*）（1835年）撰稿。

1836年　　　经过不懈努力，狄更斯发表了他的第一部长篇连载小说《匹克威克外传》，并于4月2日同《纪事晚报》主编的女儿凯瑟琳·霍加斯结婚。

1837年 狄更斯迎来了第一个孩子（共生了十个孩子），取名查尔斯（Charles）。开始在《本特利氏杂志》（*Bentley's Miscellany*）上连载《雾都孤儿》，《尼古拉斯·尼可贝》紧随其后。

1840年 在《韩夫利少爷之钟》（*Master Humphrey's Clock*）周刊上开始连载《老古玩店》（1840—1841年）和《巴纳比·拉奇》（1841年）。

1842年 狄更斯第一次去美国和加拿大，尽管他倡导国际版权和废除奴隶制度，却仍然在那里受到了热烈欢迎。

1843年 写了圣诞系列丛书的第一本《圣诞颂歌》（*A Christmas Carol*）以满足大众需求，同时也为了纪念妻子孕育第五个孩子，为家族开枝散叶。

1846年 创建了"乌拉尼亚之家"，帮助"失足女性"重新融入社会，1847—1859年，约有一百名女性从这里毕业。

1848—1850年　狄更斯趁势出版了《董贝父子》（1846—1848年）和《大卫·科波菲尔》（1849—1850年），依旧大受欢迎。

1852—1857年　出版了《荒凉山庄》（1852—1853年）、《艰难时世》（1854年）和《小杜丽》（1855—1857年）。

1857—1858年　狄更斯和威尔基·柯林斯（Wilkie Collins）合著并制作剧目《冰渊》（*The Frozen Deep*）来筹集资金，在这部剧中结识了女演员埃伦·特南，两人一见如故，使本来就不断恶化的夫妻关系雪上加霜。1858年，狄更斯同妻子凯瑟琳分居。

1858年　狄更斯受大奥蒙德街医院创办人请求，做一场慈善演讲，以帮助医院度过财务危机。狄更斯用心撰写，在医院第一次年终晚宴上发言致辞，之后又在圣马田教堂大厅向公众宣读了《圣诞颂歌》。在狄更斯的帮助下，医院筹够了钱，买下了邻近的房子，床位由原来的二十张增加至七十五张。

1858年   狄更斯开启了"巡回公共朗诵会"之旅，足迹遍及英格兰、苏格兰和爱尔兰，总计八十七场，整个过程劳神费力。

1859—1861年   《双城记》（1859年）和《远大前程》（1860—1861年）相继出版，与此同时，狄更斯还为《家庭世界》（*Household Worlds*）和《一年到头》（*All the Year Round*）杂志出版、编辑、撰稿。

1865年   狄更斯幸免于斯泰普尔赫斯特铁路事故。前七节车厢从修缮中的桥上脱轨，狄更斯所在的车厢是唯一没有掉下去的头等车厢，狄更斯想方设法从车厢里取回了《我们共同的朋友》的手稿，最终在这一年里出版发行。

1867—1868年   狄更斯第二次去美国，五个月里有四个月在进行"公共朗诵会"。也正是在这次美国之行中，狄更斯的身体状况开始恶化，这次美国之行结束时，他几乎无法进食固体食物。

1868—1869年　　狄更斯在英格兰、苏格兰和爱尔兰进行一系列"告别季朗诵会"。1869年4月轻微中风后，他又重新返回弥补因病而错过的活动。

1870年　　　　狄更斯出席了皇家学会盛宴，一同出席的还有威尔士王子和王妃，这是狄更斯最后一次公开露面。6月8日，他再次中风，第二天便在肯特郡海厄姆盖德山庄故居去世，距离斯泰普尔赫斯特铁路事故刚好五年，遗体被安葬在威斯敏斯特教堂的"诗人角"。

狄更斯最后一部小说《艾德温·德鲁德之谜》未能完结。

查尔斯·狄更斯作品一览表

小说

《匹克威克外传》（*The Pickwick Papers*）1836—1837年

《雾都孤儿》（*Oliver Twist*）1837—1839年

《尼古拉斯·尼可贝》（*Nicholas Nickleby*）1838—1839年

《老古玩店》（*The Old Curiosity Shop*）1840—1841年

《巴纳比·拉奇》（*Barnaby Rudge*）1841年

《马丁·朱述尔维特》（*Martin Chuzzlewit*）1843—1844年

《圣诞颂歌》（*A Christmas Carol*）1843年

《董贝父子》（*Dombey and Son*）1846—1848年

《大卫·科波菲尔》（*David Copperfield*）1848—1850年

《荒凉山庄》（*Bleak House*）1851—1853年

《艰难时世》（*Hard Times*）1854年

《小杜丽》（*Little Dorrit*）1855—1857年

《双城记》（*A Tale of Two Cities*）1859年

《远大前程》（*Great Expectations*）1860—1861年

《我们共同的朋友》（*Our Mutual Friend*）1864—1865年

《艾德温·德鲁德之谜》（*The Mystery of Edwin Drood*）

1870年

非小说类作品

《写给孩子看的英国历史》（*A Child's History of England*）

《美国札记》（*American Notes*）

《意大利风光》（*Pictures from Italy*）

短篇小说及散文

《一棵圣诞树》（*A Christmas Tree*）

《大海来信》（*A Message from the Sea*）

《马里歌德医生》（*Doctor Marigold*）

《乔治·西弗尔曼的辩解》（*George Silverman's Explanation*）

《走向上流社会》（*Going Into Society*）

《浪漫假日》（*Holiday Romance*）

《穷追到底》（*Hunted Down*）

《利丽普夫人的遗产》（*Mrs Lirriper's Legacy*）

《利丽普夫人的住处》（*Mrs Lirriper's Logdings*）

《马格比车站》（*Mugby Junction*）

《某些英国犯人的险境》（*Perils of Certain English Prisoners*）

《某人的行李》（*Somebody's Luggage*）

《星期日的三种活法》（*Sunday Under Three Heads*）

《儿童故事》（*The Child's Story*）

《鬼屋》（*The Haunted House*）

《神缠身的人》（*The Haunted Man and the Ghost's Bargain*）

《冬青树》（*The Holly-Tree*）

《点灯人》（*The Lamplighter*）

《穷亲戚的故事》（*The Poor Relation's Story*）

《学童故事》（*The Schoolboy's Story*）

《七个可怜的旅人》（*The Seven Poor Travellers*）

《信号员》（*The Signal-Man*）

《谋杀审判》（*The Trial for Murder*）

《汤姆·提德勒的土地》（ *Tom Tiddler's Ground* ）

《当我们变老时，圣诞节是什么》（ *What Christmas Is As We Grow Older* ）

《金玛丽的遗骸》（ *Wreck of the Golden Mary* ）

作者简介

谢莉·克莱因（Shelley Klein），出版过多部作品，目前仍在美国亚马逊网站上销售的图书就有几十本。她出版的书包括：《老年失忆症》系列、《细数史上最邪恶的人物》系列等。